GALETE IZ SLAVNE KUHARICE

100 slatkih i slanih rustikalnih recepata za svaku priliku

Ivana Vinković

Materijal autorskih prava ©2024

Sva prava pridržana

Nijedan dio ove knjige ne smije se koristiti ili prenositi u bilo kojem obliku ili na bilo koji način bez odgovarajućeg pisanog pristanka izdavača i vlasnika autorskih prava, osim kratkih citata korištenih u recenziji . Ovu knjigu ne treba smatrati zamjenom za medicinske, pravne ili druge stručne savjete.

SADRŽAJ

SADRŽAJ 3
UVOD 6
GALETTE PECIVA 7
   1. Osnovna kora za tijesto Galette 8
   2. Kora za pecivo Galette od cjelovitog zrna pšenice 10
   3. Kore od tijesta Galette bez glutena 12
   4. Galette od kukuruznog brašna 14
   5. Kora za pecivo Galette s maslinovim uljem 16
   6. raženog tijesta Galette 18
   7. Kora za tijesto Galette od heljde 20
VOĆNE GALETTE 22
   8. Medena breskva Galette 23
   9. Basil Berry Galette 25
   10. Banana i Biscoff s'Mores Galettes 27
   11. Galette od svježih smokava 30
   12. Galette s karameliziranim jabukama 33
   13. Ginger Pear Galette 35
   14. Kruška i Roquefort Galette 38
   15. Šljiva Galette 40
   16. galeta od sušene jabuke i trešnje s crème fraîche 43
   17. Galette od jabuka i krem sira s karamelom i bademima ...46
   18. Miješani Berry & Earl Grey Galette 48
   19. Malina i limun Galette 51
   20. Galette od borovnice i lavande 53
   21. Galette od trešnje i badema 55
   22. Kupina i metvica Galette 57
VEGGIE GALETTES 59
   23. Butternut squash i jabuka Galette 60
   24. Galette od crvene paprike i pečenih jaja 62
   25. Galete od šparoga, pršuta i kozjeg sira 65
   26. Galette od patlidžana i rajčice 68
   27. Galette od krumpira i poriluka 71
   28. Blitva Galette s fetom i pinjolima 73
   29. Galette od gljiva i celera s umakom od gljiva 75
   30. Galeta od krumpira i gljiva 78
   31. Galette od slatkog krumpira 80
   32. Galeta od rajčice i karameliziranog luka 83
   33. Galette od kukuruza s tikvicama i kozjim sirom 85
   34. Salama od sira i rajčica Galette 88
   35. Galette od rajčice, pesta i kozjeg sira 90

36. Špinat i Ricotta Galette 92
37. Brokula i Cheddar Galette 94
38. Galette od tikvica i ricotte s pestom od bosiljka 96
39. Galeta od karameliziranog luka i špinata 98

GALETTE OD ORAŠA 100
40. Galete od malina i lješnjaka s kulisom od malina 101
41. Mango orašasti plodovi Nutella pita Galette 103
42. Nektarine i šljive Pistacije Galette 105
43. Džem od malina i sladića i Galette od lješnjaka 108
44. Galette od badema i slanog sira 111
45. Galette od breskve i kupine s bademima 114
46. Brusnica Orah Galette 117
47. Čokoladni pekan galette 119
48. Glazirana breskva Galette s kremom od indijskih oraščića 121
49. Galette od rabarbare i pistacija od ruže i jagode 124
50. Galette od jabuka i lješnjaka 128

BILJNE GALETTE 131
51. Golden Tomato i Basil Galette 132
52. Galette jabuka s mirisom timijana 135
53. Galette od tikvica, estragona i majčine dušice 138
54. Ružmarin jabuka Galette 141
55. Kruška Kadulja Galette 143
56. Galette od graška, ricotte i kopra 146
57. Galette od šparoga i vlasca 149
58. Galette od rajčice, sira i origana 152
59. galette od mrkve i krem sira 154
60. Blackberry Mint Galette 157
61. Limunski timijan i borovnica Galette 160
62. Galette od bosiljka i cherry rajčice 162
63. Kukuruzna galeta s cilantro limetom 164
64. Galette od kadulje i butternut tikve 166
65. Minted Pea i Feta Galette 168
66. Galeta krumpira s limunom i ružmarinom 170
67. Karamelizirana šalotka i majčina dušica Galette 172
68. Brie i kadulja Galette s karameliziranim lukom 174

ZAČINJENE GALETTE 176
69. Chai začinjena jabuka Galette 177
70. Five Spice Peach Galette 180
71. Rajčica & Jalapeno Galette 183
72. Galette od zimskog voća i medenjaka 185
73. Galette marelica i badem začinjena kardamomom 189
74. Chipotle slatki krumpir i crni grah Galette 192

ČOKOLADNE GALETTE 194

75. Nutella čokoladna galeta 195
  76. Galette od čokolade i maline 197
  77. Slana karamel čokoladna galeta 199
  78. Galette od čokolade i banane 201
  79. Bijela čokolada Malina Galette 203
  80. Čokolada Trešnja Galette 205
  81. Šalica s maslacem od kikirikija S'mores Galette 207
  82. Tamna čokolada i naranča Galette 210
  83. Galette s kokosom i čokoladom 212

MESNE GALETE 214
  84. Kobasica Galette 215
  85. Galeta od piletine i gljiva 218
  86. Galeta od govedine i karameliziranog luka 220
  87. Galette sa šunkom i sirom 222
  88. Puretina i Galette od brusnica 224
  89. Janjetina i Feta Galette 226
  90. Pulena svinjetina i salata od kupusa Galette 228
  91. Galette sa slaninom, jajima i sirom 230
  92. Galeta od krumpira, kobasica i ružmarina 232
  93. Galette od pečenih rajčica na dva načina 235

VEGGIE GALETTES 239
  94. Ratatouille Galette 240
  95. Curry povrće Galette 242
  96. Caprese Galette 244
  97. Gljive i Gruyere Galette 246
  98. Špinat i Feta Galette 248
  99. Galette od pečenog povrća 250
  100. Galette od tikvica i rajčice 252

ZAKLJUČAK 255

UVOD

Dobrodošli u "GALETE IZ SLAVNE KUHARICE: 100 slatkih i slanih rustikalnih recepata za svaku priliku!" Galettes su oličenje rustikalnog šarma i kulinarskog užitka, nudeći svestrano platno za slatke i slane kreacije. Podrijetlom iz Francuske, galettes su svojom jednostavnošću, elegancijom i ukusom osvojili srca i okusne pupoljke ljubitelja hrane diljem svijeta. U ovoj kuharici krećemo na gastronomsko putovanje kroz odabranu zbirku od 100 neodoljivih recepata za galette koji će obogatiti vaš kuharski repertoar i oduševiti vaša osjetila.

Galettes , svojom prirodom slobodnog oblika, utjelovljuju bit domaće dobrote. Skromne su, ali sofisticirane, što ih čini savršenim za ležerna okupljanja, obiteljske večere ili posebne prigode. Bilo da ste iskusni pekar ili kuhar početnik, na ovim ćete stranicama pronaći nešto što ćete voljeti. Od klasičnih galeta punjenih voćem koje pršte sezonskim okusima do slanih kreacija s mješavinom sireva, povrća i začinskog bilja, postoji galette za svako nepce i svaku priliku.

Svaki recept u ovoj kuharici pažljivo je osmišljen kako bi se osigurala jednostavna priprema bez ugrožavanja okusa ili prezentacije. Uz detaljne upute, korisne savjete i zadivljujuće fotografije, osjećat ćete se sigurni u rekreaciji ovih kulinarskih remek-djela u vlastitoj kuhinji. Bez obzira žudite li za utješnim desertom ili slanim užitkom, na ovim ćete stranicama pronaći inspiraciju i zadovoljstvo.

Dakle, zasučite rukave, obrišite prašinu s valjka za tijesto i pripremite se da krenete u slasnu avanturu s galettes kao vodičem. Bilo da pečete za sebe, svoju obitelj ili okupljanje prijatelja, "GALETE IZ SLAVNE KUHARICE" obećava da će oduševiti vaše nepce i natjerati vas da poželite još. Proslavimo radost domaćeg pečenja i bezvremensku privlačnost rustikalne kuhinje sa svakim slatkim zalogajem.

GALETTE PECIVA

1.Osnovna kora za tijesto Galette

SASTOJCI:
- 1 1/4 šalice višenamjenskog brašna
- 1/2 žličice soli
- 1/2 šalice (1 štapić) hladnog neslanog maslaca, narezanog na male komadiće
- 1/4 šalice ledene vode

UPUTE:
a) U velikoj zdjeli pomiješajte brašno i sol.
b) Dodajte komadiće hladnog maslaca u mješavinu brašna i rezačem za tijesto ili prstima utrljajte maslac u brašno dok smjesa ne postane nalik na grube mrvice.
c) Postupno dodajte ledenu vodu, 1 žlicu po žlicu, miješajući vilicom dok se tijesto ne počne spajati.
d) Skupite tijesto u kuglu, spljoštite u disk, zamotajte u plastičnu foliju i ostavite u hladnjaku najmanje 30 minuta prije upotrebe.

2.Kora za pecivo Galette od cjelovitog zrna pšenice

SASTOJCI:
- 1 šalica integralnog pšeničnog brašna
- 1/2 šalice višenamjenskog brašna
- 1/2 žličice soli
- 1/2 šalice (1 štapić) hladnog neslanog maslaca, narezanog na male komadiće
- 1/4 šalice ledene vode

UPUTE:
a) U velikoj zdjeli pomiješajte integralno pšenično brašno, višenamjensko brašno i sol.
b) Dodajte komadiće hladnog maslaca u mješavinu brašna i rezačem za tijesto ili prstima utrljajte maslac u brašno dok smjesa ne postane nalik na grube mrvice.
c) Postupno dodajte ledenu vodu, 1 žlicu po žlicu, miješajući vilicom dok se tijesto ne počne spajati.
d) Skupite tijesto u kuglu, spljoštite u disk, zamotajte u plastičnu foliju i ostavite u hladnjaku najmanje 30 minuta prije upotrebe.

3.Kore od tijesta Galette bez glutena

SASTOJCI:
- 1 šalica višenamjenskog brašna bez glutena
- 1/4 šalice bademovog brašna
- 1/2 žličice soli
- 1/2 šalice (1 štapić) hladnog neslanog maslaca, narezanog na male komadiće
- 1/4 šalice ledene vode

UPUTE:
a) U velikoj zdjeli pomiješajte višenamjensko brašno bez glutena, bademovo brašno i sol.
b) Dodajte komadiće hladnog maslaca u mješavinu brašna i rezačem za tijesto ili prstima utrljajte maslac u brašno dok smjesa ne postane nalik na grube mrvice.
c) Postupno dodajte ledenu vodu, 1 žlicu po žlicu, miješajući vilicom dok se tijesto ne počne spajati.
d) Skupite tijesto u kuglu, spljoštite u disk, zamotajte u plastičnu foliju i ostavite u hladnjaku najmanje 30 minuta prije upotrebe.

4. Galette od kukuruznog brašna

SASTOJCI:
- 1 šalica višenamjenskog brašna
- 1/4 šalice kukuruznog brašna
- 1/2 žličice soli
- 1/2 šalice (1 štapić) hladnog neslanog maslaca, narezanog na male komadiće
- 1/4 šalice ledene vode

UPUTE:
a) U velikoj zdjeli pomiješajte višenamjensko brašno, kukuruznu krupicu i sol.
b) Dodajte komadiće hladnog maslaca u mješavinu brašna i rezačem za tijesto ili prstima utrljajte maslac u brašno dok smjesa ne postane nalik na grube mrvice.
c) Postupno dodajte ledenu vodu, 1 žlicu po žlicu, miješajući vilicom dok se tijesto ne počne spajati.
d) Skupite tijesto u kuglu, spljoštite u disk, zamotajte u plastičnu foliju i ostavite u hladnjaku najmanje 30 minuta prije upotrebe.

5.Kora za pecivo Galette s maslinovim uljem

SASTOJCI:
- 1 1/4 šalice višenamjenskog brašna
- 1/2 žličice soli
- 1/4 šalice maslinovog ulja
- 1/4 šalice ledene vode

UPUTE:
a) U velikoj zdjeli pomiješajte brašno i sol.
b) Pokapajte maslinovo ulje preko smjese brašna i miješajte vilicom dok smjesa ne postane nalik na grube mrvice.
c) Postupno dodajte ledenu vodu, 1 žlicu po žlicu, miješajući vilicom dok se tijesto ne počne spajati.
d) Skupite tijesto u kuglu, spljoštite u disk, zamotajte u plastičnu foliju i ostavite u hladnjaku najmanje 30 minuta prije upotrebe.

6.raženog tijesta Galette

SASTOJCI:
- 1 šalica raženog brašna
- 1/2 šalice višenamjenskog brašna
- 1/2 žličice soli
- 1/2 šalice (1 štapić) hladnog neslanog maslaca, narezanog na male komadiće
- 1/4 šalice ledene vode

UPUTE:
a) U velikoj zdjeli pomiješajte raženo brašno, višenamjensko brašno i sol.
b) Dodajte komadiće hladnog maslaca u mješavinu brašna i rezačem za tijesto ili prstima utrljajte maslac u brašno dok smjesa ne postane nalik na grube mrvice.
c) Postupno dodajte ledenu vodu, 1 žlicu po žlicu, miješajući vilicom dok se tijesto ne počne spajati.
d) Skupite tijesto u kuglu, spljoštite u disk, zamotajte u plastičnu foliju i ostavite u hladnjaku najmanje 30 minuta prije upotrebe.

7.Kora za tijesto Galette od heljde

SASTOJCI:
- 1 šalica heljdinog brašna
- 1/2 šalice višenamjenskog brašna
- 1/2 žličice soli
- 1/2 šalice (1 štapić) hladnog neslanog maslaca, narezanog na male komadiće
- 1/4 šalice ledene vode

UPUTE:
a) U velikoj zdjeli pomiješajte heljdino brašno, višenamjensko brašno i sol.
b) Dodajte komadiće hladnog maslaca u mješavinu brašna i rezačem za tijesto ili prstima utrljajte maslac u brašno dok smjesa ne postane nalik na grube mrvice.
c) Postupno dodajte ledenu vodu, 1 žlicu po žlicu, miješajući vilicom dok se tijesto ne počne spajati.
d) Skupite tijesto u kuglu, spljoštite u disk, zamotajte u plastičnu foliju i ostavite u hladnjaku najmanje 30 minuta prije upotrebe.

VOĆNE GALETTE

8.Medena breskva Galette

SASTOJCI:
- 4-5 zrelih breskvi, narezanih na ploške
- 2 žlice meda
- 1 žlica kukuruznog škroba
- 1 žličica ekstrakta vanilije
- ¼ žličice mljevenog cimeta
- 1 ohlađena kora za pitu (ili domaća)

UPUTE:
a) Zagrijte pećnicu na 375°F (190°C).
b) U zdjeli pomiješajte narezane breskve, med, kukuruzni škrob, ekstrakt vanilije i mljeveni cimet. Bacajte dok breskve ne budu ravnomjerno obložene.
c) Razvaljajte koru za pitu i stavite je na lim za pečenje.
d) Rasporedite kriške breskve u sredinu kore, ostavljajući obrub oko rubova.
e) Presavijte rubove kore preko breskvi, stvarajući rustikalni oblik galeta.
f) Pecite 30-35 minuta ili dok korica ne porumeni, a breskve mekane.
g) Ostavite galette da se malo ohladi prije posluživanja. Po želji, pokapajte s dodatnim medom prije posluživanja.

9.Basil Berry Galette

SASTOJCI:
- 1 prethodno napravljena kora za pitu
- 2 šalice miješanog bobičastog voća (jagode, borovnice, maline)
- ¼ šalice granuliranog šećera
- 1 žlica svježeg bosiljka, nasjeckanog
- 1 žlica kukuruznog škroba
- 1 žlica soka od limuna
- 1 jaje (tučeno, za pranje jaja)
- 1 žlica turbinado šećera (za posipanje)

UPUTE:
a)   Zagrijte pećnicu na 375°F (190°C) i obložite lim za pečenje papirom za pečenje.
b)   U zdjeli pomiješajte miješano bobičasto voće, granulirani šećer, nasjeckani bosiljak, kukuruzni škrob i limunov sok.
c)   Razvaljajte koru za pitu na pripremljeni lim za pečenje.
d)   Žlicom rasporedite smjesu bobičastog voća na sredinu kore, ostavljajući rub oko rubova.
e)   Presavijte rubove kore preko bobičastog voća, stvarajući rustikalni oblik galeta .
f)   Rubove kore premažite razmućenim jajetom i pospite turbinado šećerom.
g)   Pecite 25-30 minuta ili dok korica ne porumeni, a bobice ne postanu mjehuraste.

10. Banana i Biscoff s'Mores Galettes

SASTOJCI:
ZA GALETTE TIJESTO:
- 1 ¼ šalice višenamjenskog brašna
- 1 žlica granuliranog šećera
- ¼ žličice soli
- ½ šalice neslanog maslaca, hladnog i narezanog na male kockice
- 3-4 žlice ledene vode

ZA NADJEV:
- 2 zrele banane, narezane na ploške
- ½ šalice Biscoff namaza (ili Speculoos namaza)
- ½ šalice mini marshmallowa
- 1 žlica granuliranog šećera, za posipanje

ZA POSLUŽIVANJE:
- Šlag ili sladoled od vanilije (po želji)

UPUTE:
a) U zdjeli za miješanje pomiješajte brašno, šećer i sol za tijesto za galete . Dodajte hladni maslac narezan na kockice i vršcima prstiju ili rezačem za tijesto izrežite maslac u smjesu brašna dok ne postane nalik na grube mrvice.
b) Postupno dodajte ledenu vodu, 1 žlicu po žlicu, i miješajte dok se tijesto ne sjedini. Tijesto oblikujte u disk, zamotajte u plastičnu foliju i stavite u hladnjak na najmanje 30 minuta.
c) Zagrijte pećnicu na 375°F (190°C). Lim za pečenje obložite papirom za pečenje.
d) Na lagano pobrašnjenoj površini razvaljajte ohlađeno tijesto za galete u grubi krug, debljine oko ⅛ inča. Razvaljano tijesto prebacite na pripremljeni lim za pečenje.
e) Nanesite Biscoff namaz na sredinu tijesta za galette , ostavljajući rub oko rubova. Na Biscoff namaz posložite narezane banane.
f) Mini marshmallows ravnomjerno pospite preko banana. Savijte rubove tijesta za galette prema unutra, lagano preklapajući nadjev.
g) Preklopljene rubove tijesta za galette pospite šećerom u prahu .
h) Pecite u prethodno zagrijanoj pećnici oko 20-25 minuta, ili dok galeta ne porumeni, a nadjev postane mjehurić.
i) Izvadite galette iz pećnice i ostavite da se ohlade nekoliko minuta prije posluživanja.
j) Poslužite toplu galettu takvu kakva jest ili s malo tučenog vrhnja ili kuglicom sladoleda od vanilije za dodatni užitak.

11. Galette od svježih smokava

SASTOJCI:
ZA TIJESTO:
- ¾ žličice soli
- ½ šalice (1 štapić) neslanog maslaca, ohlađenog, narezanog na male komadiće
- 7 žlica krutog biljnog masti, ohlađenog, u malim komadićima
- Oko ¼ šalice ledene vode

ZA NADJEV:
- 1½ funte svježih smokava
- 6 žlica šećera
- Pranje jaja (1 žumanjak umućen s 2 žličice gustog vrhnja)
- Šećer za galette obruče

UPUTE:
PRIPREMA TIJESTA:
a) U sjeckalici pomiješajte brašno i sol. Pulsirajte tri ili četiri puta za miješanje.
b) Dodati komadiće maslaca i miksati nekoliko puta, samo dok se masnoća ravnomjerno ne rasporedi i ne prekrije brašnom.
c) Dodajte komadiće masnoće i pulsirajte nekoliko puta, samo dok se mast ne prekrije brašnom. Trebalo bi još ostati komadića pobrašnjene masti otprilike veličine graška.
d) Prebacite smjesu u veliku zdjelu. Pokapajte ga ledenom vodom dok mućkate vilicom dok se ne počne skupljati u grudice, a zatim skupite tijesto rukama.
e) Tijesto dodirujte što je manje moguće, zatim ga zamotajte u plastičnu foliju i stavite u hladnjak dok se ne ohladi, najmanje 2 sata.

MONTAŽA GALETTE:
f) Zagrijte pećnicu na 425 stupnjeva.
g) Da biste napravili nadjev, razrežite smokve na četvrtine peteljke ili ih, ako su velike, narežite na šestine. Odložiti u zdjelu.
h) Neposredno prije nego što budete spremni sastaviti galete, smokve pospite sa 6 žlica šećera i lagano promiješajte.

i) Podijelite tijesto na 6 jednakih dijelova. Radeći s dijelom po komadom, razvaljajte tijesto na lagano pobrašnjenoj dasci u krug debljine oko ⅛ inča.
j) Upotrijebite preokrenuti tanjur ili kartonski predložak da iscrtate uredan krug od 7 inča. Krug premjestite u teški lim za pečenje.
k) Jednu šestinu smokava lijepo rasporedite u sredinu, ostavljajući rub od 1½ inča okolo.
l) Presavijte rub kako biste napravili obrub, pazeći da nema pukotina u tijestu ili će voćni sok iscuriti tijekom pečenja. Premažite, ako je potrebno, komadićima obrubljenog tijesta lagano navlaženim hladnom vodom.
m) Premažite rub s malo vode od jaja, a zatim ga obilato pospite šećerom.
n) Ponovite s preostalim tijestom da napravite 6 galete. Vjerojatno ćete u lim za pečenje odjednom staviti samo pola njih.
o) Sastavite i pecite 3 galette odjednom umjesto da pečete 2 lista odjednom.
p) Pecite dok korica ne postane zlatna, a voće mjehurasto, 22 do 25 minuta.
q) Prebacite na rešetku i malo ohladite prije posluživanja.

12. Galette s karameliziranim jabukama

SASTOJCI:
- 1 recept za brzo lisnato tijesto
- 1 Northern Spy ili druga jabuka koja se čvrsto peče
- ¼ šalice šećera
- 2 žlice neslanog maslaca
- 1 žlica Calvadosa (francuski brandy od jabuka)

UPUTE:
a) Na lagano pobrašnjenoj radnoj površini razvaljajte osminu recepta za brzo lisnato tijesto na oko ⅛ inča debljine.
b) Oštrim nožem za guljenje izrežite tijesto u krug promjera oko 7½ inča. Prebacite u pleh obložen papirom za pečenje i stavite u hladnjak da se ohladi oko 15 minuta.
c) Zagrijte pećnicu na 425°F. Stavite ohlađeno tijesto u tešku tavu od lijevanog željeza promjera 6½ inča na dnu.
d) Jabuku ogulite, izvadite jezgru i prepolovite po dužini.
e) Pomoću mandoline ili vrlo oštrog noža narežite polovice jabuka po širini na kriške od dvadeset pet ⅛ inča.
f) kriške jabuke u uredan lepezasti uzorak, preklapajući ih i držeći ih ½ inča od ruba tijesta. Ispunite sredinu manjim ili izlomljenim kriškama jabuke dok stvarate lepezasti krug.
g) Jabuke pospite s dvije žlice šećera i pokapajte s 1 žlicom maslaca, narezanih na vrlo male komadiće.
h) Stavite tavu u pećnicu i pecite dok se tijesto ne napuhne uz rubove posude i ne porumeni, oko 30 minuta.
i) Izvadite tavu iz pećnice. Pomoću lopatice izvadite tart iz tave i prebacite ga na tanjur. Staviti na stranu.
j) Dodajte preostalu žlicu maslaca u tavu i stavite je na srednju vatru. Dodajte preostale 2 žlice šećera i kuhajte dok se šećer ne otopi i ne dobije svijetlu karamelu, oko 5 minuta.
k) Izmjerite Calvados u čašu, zatim ga ulijte u karamel. Kuhajte alkohol oko 2 do 3 minute.
l) Vratite tart u tavu, stranom s jabukama prema dolje, i kuhajte 4 do 5 minuta dok se karamela ne pojavi na tartu i počne izgledati malo gusto.
m) Uklonite tavu s vatre i pažljivo preokrenite tart na tanjur dovoljno velik da uhvati vruću karamelu dok kaplje iz tave.

13. Ginger Pear Galette

SASTOJCI:
ZA POŠIRANE KRUŠKE:
- 6 velikih krušaka
- 6 šalica crnog pinota
- 1 šalica šećera
- 1 štapić cimeta
- 1 žlica grubo nasjeckanog đumbira
- Korica 1 naranče

ZA TIJESTO:
- 2⅓ šalice brašna
- ½ šalice masti
- ½ šalice neslanog maslaca
- 1 žličica soli
- 2 žličice mljevenog kandiranog đumbira
- 6 do 8 žlica hladne vode

ZA SASTAVLJANJE:
- 4 žlice otopljenog neslanog maslaca
- ½ šalice šećera
- 1 pola litre kvalitetnog sladoleda od vanilije

UPUTE:
ZA POŠIRANE KRUŠKE:
a) Kruške ogulite i prepolovite; Staviti na stranu.
b) U velikom loncu zagrijte vino, šećer, cimet, đumbir i narančinu koricu i zakuhajte.
c) Dodajte kruške i kuhajte na srednje jakoj vatri dok vilica ne omekša. Ako imate vremena, ostavite kruške da se ohlade u tekućini; ako nije, pustite kruške da se dovoljno ohlade da se njima može rukovati, zatim ih narežite na kriške debljine oko ¼ inča i ostavite sa strane.

ZA TIJESTO:
d) Stavite brašno, mast, maslac, sol i đumbir u zdjelu srednje veličine.
e) Vrhovima prstiju umiješajte maslac i mast dok smjesa ne bude nalikovala grubom obroku.
f) Dodajte dovoljno vode da se tijesto navlaži i miješajte vilicom dok se tijesto ne sjedini.

g) Ostavite tijesto da odstoji 20 do 30 minuta.
h) Razvaljajte tijesto na dobro pobrašnjenoj dasci na otprilike ¼ inča debljine. Izrežite 6 krugova od 4 do 5 inča i stavite ih na podmazan lim.
i) Svaki krug obilato premažite otopljenim maslacem, pa pospite šećerom.
j) Na svaki krug kružno rasporedite poširane kriške kruške . Svaki opet premažite maslacem i pospite šećerom.
k) Stavite u pećnicu na 375 stupnjeva i pecite dok korica ne porumeni, oko 30 do 40 minuta.
l) Izvadite iz pećnice i ostavite da se ohladi oko 10 minuta. Izvadite iz posude i stavite na desertne tanjure.
m) Svaku galettu stavite kuglicom sladoleda od vanilije i poslužite toplo.

14.Kruška i Roquefort Galette

SASTOJCI:
- 1 (145g) pakiranje mješavine za podlogu za pizzu
- 1 glavica crvenog luka, sitno narezana
- 1 velika zrela kruška, bez jezgre i tanko narezana
- 100 grama Roquefort sira, izmrvljenog
- Crni papar, po ukusu

UPUTE:
a) Zagrijte pećnicu na 220°C/425°F/plin 7.
b) Napravite bazu za pizzu prema uputama na pakiranju. Podijelite ga na 2 dijela i svaku polovicu razvaljajte u krug.
c) Na svaki krug nadjenuti tanko narezanu krušku i crveni luk.
d) Na svaki krug izmrvite Roquefort sir preko kruške i luka.
e) Pecite u prethodno zagrijanoj pećnici otprilike 15 minuta ili dok ne porumene i ne porumene.
f) Po vrhu sameljite crni papar i odmah poslužite uz hrskavu zelenu salatu.

15. Šljiva Galette

SASTOJCI:
ZA KORE:
- 1 ¼ šalice (160 g) višenamjenskog brašna
- 1 žličica šećera
- ½ žličice soli
- ¼ štapića (137 g) neslanog maslaca, narezanog na kockice
- ¼ šalice (57 ml) kiselog vrhnja
- 1 jaje, tučeno, za pranje jaja (po želji)
- 1 žličica vrhnja za pranje jaja (po želji)
- krupni šećer za posipanje (po želji)

PUNJENJE:
- 6 do 8 trpkih šljiva i/ili plodova, bez koštica i narezanih (oko 570 g)
- ⅓ šalice (70 g) šećera
- ⅛ žličice cimeta
- 1 žličica soka od limuna
- 1 žličica narančine korice (ili limunove korice)
- 1 žličica brze tapioke, ili 1 žlica brašna (za zgušnjavanje)

UPUTE:
NAPRAVITE TIJESTO ZA GALETTE:
a) Pomiješajte brašno, šećer i sol u velikoj zdjeli.
b) U tijesto dodajte maslac narezan na kockice i rukama ili mješalicom za tijesto umiješajte maslac u tijesto dok smjesa ne bude poput mrvica, s komadićima maslaca ne većim od zrna graška.
c) Dodajte kiselo vrhnje i promiješajte vilicom. Skupite tijesto u kuglu, spljoštite ga u disk, omotajte plastičnom folijom i ohladite najmanje sat vremena prije nego što ga razvaljate.

PUNJENJE:
d) U zdjeli srednje veličine nježno pomiješajte kriške šljiva sa šećerom, cimetom, limunovim sokom, koricom i instant tapiokom (ili brašnom).
e) Lim za pečenje obložite papirom za pečenje ili silikonskom podlogom ili lim premažite maslacem.
f) Lagano pobrašnite čistu površinu i razvaljajte tijesto za pitu na 13-inčni krug jednake debljine.

g) Stavite razvaljano tijesto za pitu u sredinu obloženog ili maslacem premazanog lima za pečenje.
h) Rasporedite kriške šljiva u kružnom uzorku, počevši od 1 ½ do 2 inča od vanjskog ruba tijesta, idući prema sredini.
i) Rubove kore za pitu preklopite gore i preko tako da se vidi krug nadjeva.
j) Ako želite atraktivan završetak kore, umutite jaje i vrhnje u maloj posudi.
k) Četkom za tijesto namažite izloženu koru tijesta.
l) Pospite s malo krupnog šećera.

PEĆI:
m) Stavite u srednju rešetku pećnice. Pecite na 375°F (190°C) 40-50 minuta, dok korica lagano ne porumeni , a nadjev postane mjehurić.
n) Ohladite na rešetki sat vremena prije posluživanja.

16.galeta od sušene jabuke i trešnje s crème fraîche

SASTOJCI:
KORA:
- 1½ šalice višenamjenskog brašna
- ½ žličice soli
- ½ šalice neslanog maslaca (1 štapić), izrezanog na komade od ½ inča, ohlađenog
- 4 žlice ledene vode (otprilike)

PUNJENJE:
- 1 žlica neslanog maslaca
- 1½ funte tart zelenih jabuka, oguljenih, bez jezgre, izrezanih na 8 kriški
- 4 žlice šećera
- ¼ šalice sušenih trpkih višanja (oko 2 unce)
- 2¾ žličice mljevenog cimeta

KARAMEL UMAK:
- 1 šalica crème fraîche ili kiselog vrhnja
- 1½ šalice šećera
- ½ šalice vode
- 3 žlice neslanog maslaca
- 1 šalica vrhnja za šlag

UPUTE:
ZA KORE:
a) U sjeckalici pomiješajte brašno i sol. Dodajte ohlađeni maslac i miješajte dok smjesa ne podsjeća na grubi obrok.
b) Dodajte 3 žlice ledene vode i miješajte dok se ne stvore vlažne grudice, dodajte još vode po žličice ako je tijesto suho.
c) Skupite tijesto u kuglu, spljoštite ga u disk, zamotajte u plastiku i ohladite 30 minuta.

ZA NADJEV:
d) Otopite maslac u velikoj tavi koja se ne lijepi na srednjoj vatri.
e) U serpu dodati jabuke i posuti ih sa 3 zlice secera.
f) Pirjajte dok jabuke ne postanu zlatne i počnu omekšavati, oko 8 minuta.
g) Dodajte sušene višnje i cimet, miješajte 30 sekundi, zatim maknite s vatre i ostavite da se potpuno ohladi.

ZA GALETTE:
h) Zagrijte pećnicu na 350°F.
i) Razvaljajte tijesto na pobrašnjenoj površini u krug od 12 inča.
j) Prebacite tijesto u lim za pečenje bez rubova, koristeći dno kalupa za tart promjera 9 inča kao pomoć.
k) Rasporedite smjesu jabuka na vrh tijesta, ostavljajući rub od 3 inča. Presavijte rub tijesta preko smjese od jabuka, stisnite prstima kako biste zatvorili sve pukotine u tijestu.
l) Preostalu 1 žlicu šećera pospite po smjesi od jabuka i rubu tijesta.
m) Galette pecite 15 minuta. Povećajte temperaturu pećnice na 375°F i nastavite peći dok korica ne postane lagano zlatna oko rubova i dok jabuke ne omekšaju, otprilike 35 minuta duže.
n) Koristeći dno kalupa za tart kao pomoć, prebacite galette na rešetku i ostavite da se hladi 15 minuta.
o) Poslužite toplo uz crème fraîche i karamel umak.

ZA KARAMEL UMAK:
p) Pomiješajte šećer i ½ šalice vode u teškoj velikoj tavi na srednje niskoj vatri dok se šećer ne otopi.
q) Pojačajte vatru i kuhajte bez miješanja dok sirup ne dobije duboku jantarnu boju, povremeno četkajući po stijenkama posude četkom za tijesto umočenom u vodu i vrteći posudu, oko 12 minuta.
r) Maknite s vatre, umiješajte maslac i postupno dodajte vrhnje (smjesa će snažno mjehuriti).
s) Miješajte na laganoj vatri dok ne postane glatko i ohladite do mlakog prije posluživanja.
t) Karamel umak se može napraviti 2 dana unaprijed. Pokrijte i ohladite.
u) Ponovno zagrijte na laganoj vatri uz povremeno miješanje.

17. Galette od jabuka i krem sira s karamelom i bademima

SASTOJCI:
- 2 jabuke
- 1 paket filo tijesta
- 1 paket krem sira
- 1 paket badema u listićima
- ½ paketića karamel umaka
- 1 žlica smeđeg šećera
- ¼ žličice cimeta
- 40 g maslaca

UPUTE:
a) Zagrijte pećnicu na 220ºC/200ºC s ventilatorom.
b) Jabuke narežite na tanke ploške.
c) U srednjoj zdjeli pomiješajte jabuku, smeđi šećer i cimet. Baciti na kaput.
d) U maloj zdjeli otpornoj na toplinu otopite maslac u naletima od 10 sekundi u mikrovalnoj pećnici.
e) Svaki list filo tijesta premažite otopljenim maslacem.
f) Položite filo listove ravno na obložen pleh, slažući jedan na drugi.
g) Premažite preko krem sira i po vrhu stavite kriške jabuke, ostavljajući rub od 4 cm oko rubova.
h) Pažljivo presavijte rubove tijesta preko jabuke, ostavljajući sredinu otkrivenu.
i) Rubove tijesta premažite preostalim maslacem.
j) Pecite galette na najnižoj rešetki dok tijesto ne porumeni, 20-25 minuta.
k) Zadnjih 5 minuta pečenja pospite bademe u listićima.
l) Galette po želji prelijte karamel umakom .
m) Narežite galetu .
n) Premjestite na tanjur za posluživanje.

18. Miješani Berry & Earl Grey Galette

SASTOJCI:
ZA KORE:
- 1 šalica Pameline mješavine brašna od oraha
- ½ šalice Pamelinog višenamjenskog brašna za pečenje
- ½ šalice tapioka brašna
- 1 žlica granuliranog šećera, plus još za posipanje po tijestu
- ½ žličice košer soli
- 8 žlica vrlo hladnog maslaca, narezanog na kockice
- 1 veliko jaje

ZA MJEŠAVANJE BERRY & EARL GREY NADJEVA:
- ¾ šalice ricotte od punomasnog mlijeka
- 1 žličica narančine korice
- ⅛ žličice Earl Grey čaja (otvorite vrećicu čaja i izdubite čaj)
- 1 ½ šalice narezanih jagoda
- ⅓ šalice šećera
- 1 mahune vanilije prepolovljene, ostrugane sjemenke ili 1 žlica paste od mahune vanilije
- 1 puna šalica malina

ZA MONTAŽU:
- 1 jaje
- 1 žlica vode

SERVIRATI:
- Šećer u prahu, po želji
- Sladoled od vanilije, po želji

UPUTE:
NAPRAVITI KORE:
a) Pomiješajte prvih 6 sastojaka u multipraktiku opremljenom sa "S" oštricom. Miješajte dok se maslac ne sjedini i dok smjesa ne postane zrnasta. Dodajte jaje u procesor hrane i miksajte dok se potpuno ne sjedini. Provjerite vlažnost tijesta tako da ga malo skupite i pritisnete. Ako je presuho, dodajte žlicu vode i ponovno promiješajte.

b) Stavite tijesto na plastičnu foliju, oblikujući ga u okrugli disk. Čvrsto zamotajte i ostavite u hladnjaku 1 sat ili najviše preko noći.

NAPRAVITI NADJEV:

c) Ako je u hladnjaku preko noći, ostavite tijesto da se malo zagrije na pultu. U maloj posudi pomiješajte ricottu, narančinu koricu i čaj.
d) U drugoj zdjeli pomiješajte narezane jagode, šećer i mahune vanilije; dobro promiješati.

SASTAVITE GALETTE:
e) Zagrijte pećnicu na 400°F i obložite lim za pečenje papirom za pečenje.
f) Razvaljajte tijesto između papira za pečenje u tanki krug. Na tijesto rasporedite smjesu od ricotte, ostavljajući rub. Odozgo pošećerene jagode i maline.
g) Rubove tijesta lagano preklopite preko nadjeva, stvarajući koricu. Rubove premažite tijestom od jaja i pospite šećerom.
h) Galette stavite u zamrzivač na 10-15 minuta. Pecite na 400°F 10 minuta, zatim smanjite na 350°F i pecite dodatnih 25 minuta dok ne porumene.
i) Ostavite galette da se ohladi 15-20 minuta prije rezanja.
j) Poslužite toplo ili na sobnoj temperaturi, po želji posuto šećerom u prahu i uz kuglicu sladoleda. Uživati!

19.Malina i limun Galette

SASTOJCI:
- 1 list lisnatog tijesta iz trgovine, odmrznut
- 1 šalica svježih malina
- Korica od 1 limuna
- 2 žlice soka od limuna
- 1/4 šalice granuliranog šećera
- 1 žlica kukuruznog škroba
- 1 jaje, tučeno (za pranje jaja)
- Šećer u prahu, za posipanje (po želji)

UPUTE:
a) Zagrijte pećnicu na 375°F (190°C) i obložite lim za pečenje papirom za pečenje.
b) U zdjeli pomiješajte svježe maline, limunovu koricu, limunov sok, granulirani šećer i kukuruzni škrob. Lagano miješajte dok maline ne budu ravnomjerno obložene .
c) Odmrznuti list lisnatog tijesta razvaljajte na lagano pobrašnjenoj površini u grubi krug promjera oko 12 inča.
d) Razvaljano lisnato tijesto prebacite u pripremljeni lim za pečenje.
e) Žlicom stavite smjesu malina na sredinu lisnatog tijesta, ostavljajući rub oko 2 inča oko rubova.
f) Presavijte rubove lisnatog tijesta preko malina, naborajte po potrebi da dobijete rustikalni oblik galeta .
g) Rubove tijesta premažite razmućenim jajetom kako bi poprimili zlatnu boju kad se ispeče.
h) Pecite u prethodno zagrijanoj pećnici 25-30 minuta, ili dok tijesto ne porumeni, a maline ne počnu puhati.
i) Izvadite iz pećnice i ostavite galette da se malo ohlade prije posluživanja.
j) Po želji pospite šećerom u prahu prije posluživanja.
k) Narežite i uživajte u svojoj ukusnoj galeti od malina i limuna !

20.Galette od borovnice i lavande

SASTOJCI:
- 1 list lisnatog tijesta iz trgovine, odmrznut
- 2 šalice svježih borovnica
- 1 žlica kulinarskih pupoljaka lavande
- Korica od 1 limuna
- 2 žlice soka od limuna
- 1/4 šalice granuliranog šećera
- 1 žlica kukuruznog škroba
- 1 jaje, tučeno (za pranje jaja)
- Šećer u prahu, za posipanje (po želji)

UPUTE:
a) Zagrijte pećnicu na 375°F (190°C) i obložite lim za pečenje papirom za pečenje.
b) U zdjeli pomiješajte svježe borovnice, kulinarske pupoljke lavande, limunovu koricu, limunov sok, granulirani šećer i kukuruzni škrob. Lagano miješajte dok borovnice ne budu ravnomjerno obložene.
c) Odmrznuti list lisnatog tijesta razvaljajte na lagano pobrašnjenoj površini u grubi krug promjera oko 12 inča.
d) Razvaljano lisnato tijesto prebacite u pripremljeni lim za pečenje.
e) Žlicom stavite smjesu od borovnica na sredinu lisnatog tijesta, ostavljajući rub oko 2 inča oko rubova.
f) Presavijte rubove lisnatog tijesta preko borovnica, naborajte po potrebi da dobijete rustikalni oblik galeta.
g) Rubove tijesta premažite razmućenim jajetom kako bi poprimili zlatnu boju kad se ispeče.
h) Pecite u prethodno zagrijanoj pećnici 25-30 minuta, ili dok tijesto ne porumeni, a borovnice ne počnu bujati.
i) Izvadite iz pećnice i ostavite galette da se malo ohlade prije posluživanja.
j) Po želji pospite šećerom u prahu prije posluživanja.

21.Galette od trešnje i badema

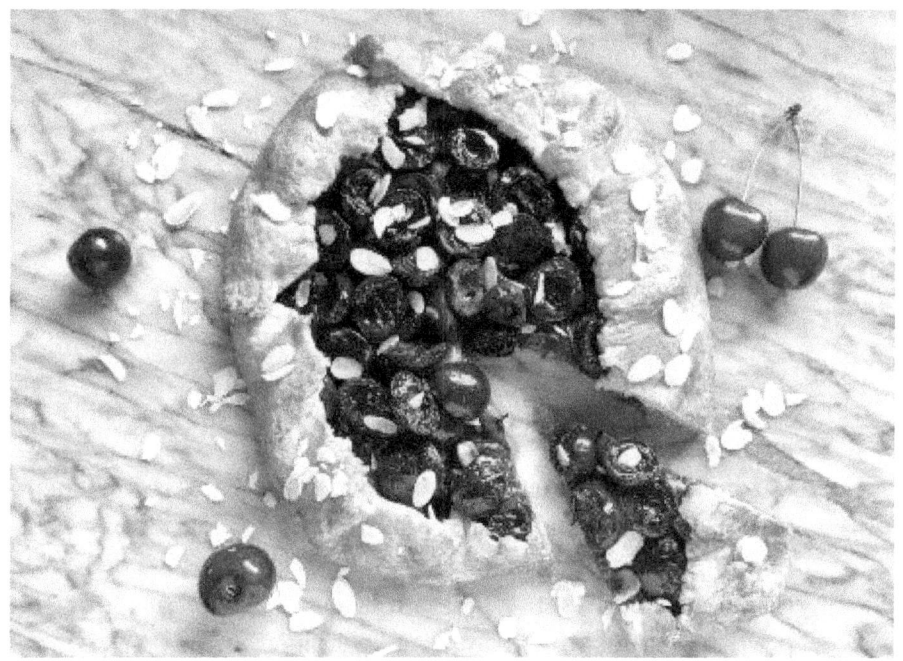

SASTOJCI:
- 1 list lisnatog tijesta iz trgovine, odmrznut
- 2 šalice svježih trešanja, bez koštica i prepolovljenih
- 1/4 šalice granuliranog šećera
- 1 žlica kukuruznog škroba
- 1/2 žličice ekstrakta badema
- 1/4 šalice bademovog brašna
- 1 jaje, tučeno (za pranje jaja)
- Narezani bademi, za ukras (po želji)
- Šećer u prahu, za posipanje (po želji)

UPUTE:
a) Zagrijte pećnicu na 375°F (190°C) i obložite lim za pečenje papirom za pečenje.
b) U zdjeli pomiješajte svježe trešnje, granulirani šećer, kukuruzni škrob i ekstrakt badema. Lagano miješajte dok trešnje ne budu ravnomjerno obložene.
c) Odmrznuti list lisnatog tijesta razvaljajte na lagano pobrašnjenoj površini u grubi krug promjera oko 12 inča.
d) Razvaljano lisnato tijesto prebacite u pripremljeni lim za pečenje.
e) Ravnomjerno pospite bademovo brašno po središtu lisnatog tijesta, ostavljajući rub oko 2 inča oko rubova.
f) Rasporedite smjesu od višanja preko sloja bademovog brašna.
g) Presavijte rubove lisnatog tijesta preko trešanja, naborajte po potrebi da dobijete rustikalni oblik galeta.
h) Rubove tijesta premažite razmućenim jajetom kako bi poprimili zlatnu boju kad se ispeče. Po želji izložene višnje pospite narezanim bademima.
i) Pecite u prethodno zagrijanoj pećnici 25-30 minuta, ili dok tijesto ne porumeni, a višnje ne počnu puhati.
j) Izvadite iz pećnice i ostavite galette da se malo ohlade prije posluživanja.
k) Po želji pospite šećerom u prahu prije posluživanja.
l) Narežite i uživajte u svojoj ukusnoj Galette od trešanja i badema!

22. Kupina i metvica Galette

SASTOJCI:
- 1 list lisnatog tijesta iz trgovine, odmrznut
- 2 šalice svježih kupina
- 1/4 šalice granuliranog šećera
- 1 žlica kukuruznog škroba
- Korica od 1 limuna
- 2 žlice nasjeckanih listova svježe metvice
- 1 žlica soka od limuna
- 1 jaje, tučeno (za pranje jaja)
- Šećer u prahu, za posipanje (po želji)

UPUTE:
a) Zagrijte pećnicu na 375°F (190°C) i obložite lim za pečenje papirom za pečenje.
b) U zdjeli pomiješajte svježe kupine, granulirani šećer, kukuruzni škrob, limunovu koricu, nasjeckane svježe listove mente i limunov sok. Lagano miješajte dok kupine ne budu ravnomjerno obložene .
c) Odmrznuti list lisnatog tijesta razvaljajte na lagano pobrašnjenoj površini u grubi krug promjera oko 12 inča.
d) Razvaljano lisnato tijesto prebacite u pripremljeni lim za pečenje.
e) Žlicom stavite smjesu od kupina na sredinu lisnatog tijesta, ostavljajući rub oko 2 inča oko rubova.
f) Presavijte rubove lisnatog tijesta preko kupina, naborajte po potrebi da dobijete rustikalni oblik galeta .
g) Rubove tijesta premažite razmućenim jajetom kako bi poprimili zlatnu boju kad se ispeče.
h) Pecite u prethodno zagrijanoj pećnici 25-30 minuta, ili dok tijesto ne porumeni, a kupine ne zapuhnu.
i) Izvadite iz pećnice i ostavite galette da se malo ohlade prije posluživanja.
j) Po želji pospite šećerom u prahu prije posluživanja.

VEGGIE GALETTES

23.Butternut squash i jabuka Galette

SASTOJCI:
- 1 ½ šalice speltinog brašna
- 6-8 listova kadulje
- ¼ šalice hladne vode
- 6 žlica kokosovog ulja
- Morska sol

ZA NADJEV:
- 1 žlica maslinovog ulja
- ¼ crvenog luka, sitno narezanog
- 1 žlica listova kadulje
- ½ crvene jabuke, vrlo sitno narezane
- ¼ butternut tikve, očišćene od kože i vrlo sitno narezane
- 1 žlica kokosovog ulja, podijeljena i rezervirana za preljev
- 2 žlice kadulje, rezervirane za preljev
- Morska sol

UPUTE:
a) Zagrijte pećnicu na 350° F.
b) Napravite koru dodavanjem brašna, morske soli i listova kadulje u mlinac. Postupno dodajte kokosovo ulje i vodu i redovito miksajte dok se ovo lagano miješa s brašnom. Pulsirajte samo dovoljno dok se komponente ne integriraju, oko 30 sekundi.
c) U međuvremenu napravite nadjev. U maloj tavi na srednje jakoj vatri zagrijte maslinovo ulje. Dodajte luk, prstohvat soli i jednu žličicu listova kadulje i pirjajte oko 5 minuta. Ostavite ovo sa strane dok razvaljate tijesto u krug debljine oko ¼ inča.
d) Pomiješajte tikvice i jabuke u maloj posudi s malo maslinovog ulja i morske soli. Dodajte butternut tikvicu i kriške jabuke na vrh luka (jednostavno kao što vidite na slici).
e) Rubove kore nježno presavijte na vanjske strane tikvice. Stavite male komadiće kokosovog ulja na vrh galette, zajedno s listovima kadulje, i pecite u pećnici 20-25 minuta, ili dok se korica ne ljušti i tikva ne bude kuhana.

24.Galette od crvene paprike i pečenih jaja

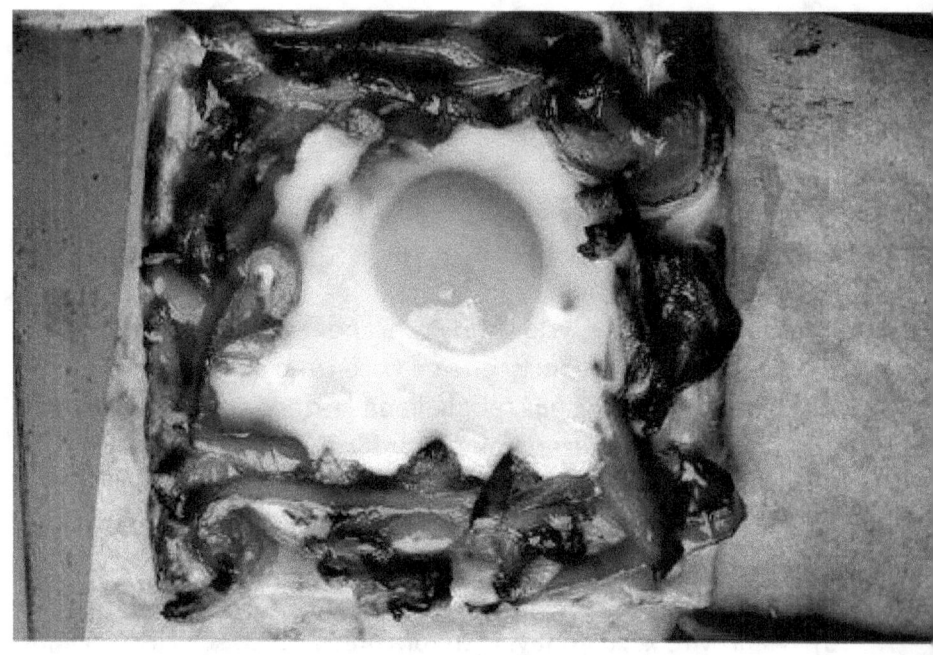

SASTOJCI:
- 4 srednje crvene paprike, prepolovljene, očišćene od sjemenki i narezane na trake ⅜ inča / 1 cm široke
- 3 mala luka, prepolovljena i izrezana na kriške širine ¾ inča / 2 cm
- 4 grančice timijana, listiće ubrati i nasjeckati
- 1½ žličice mljevenog korijandera
- 1½ žličice mljevenog kima
- 6 žlica maslinovog ulja, plus još za kraj
- 1½ žlice plosnatog lišća peršina, grubo nasjeckanog
- 1½ žlice lišća cilantra, grubo nasjeckanog
- 9 unci / 250 g najkvalitetnijeg lisnatog tijesta punog maslaca
- 2 žlice / 30 g kiselog vrhnja
- 4 velika jaja iz slobodnog uzgoja (ili 5½ unci / 160 g feta sira, izmrvljenog), plus 1 jaje, lagano tučeno
- sol i svježe mljeveni crni papar

UPUTE:
a) Zagrijte pećnicu na 400°F / 210°C. U većoj zdjeli pomiješajte papriku, luk, listiće majčine dušice, mljevene začine, maslinovo ulje i dobar prstohvat soli. Rasporedite u tepsiju i pecite 35 minuta uz par puta miješanja tijekom kuhanja. Povrće treba biti mekano i slatko, ali ne previše hrskavo ili smeđe jer će se dalje kuhati. Izvadite iz pećnice i umiješajte polovicu svježih začina. Probajte začine i ostavite sa strane. Zagrijte pećnicu na 425°F / 220°C.

b) Na lagano pobrašnjenoj površini razvaljajte lisnato tijesto u kvadrat od 12 inča / 30 cm debljine oko ⅛ inča / 3 mm i izrežite na četiri kvadrata od 6 inča / 15 cm. Izbodite kvadrate vilicom po cijeloj površini i stavite ih, dobro razmaknute, na lim obložen papirom za pečenje. Ostavite da odstoji u hladnjaku najmanje 30 minuta.

c) Izvadite tijesto iz hladnjaka i premažite vrh i stranice razmućenim jajetom. Pomoću lopatice ili stražnje strane žlice rasporedite 1½ žličice kiselog vrhnja po svakom kvadratu, ostavljajući rub od ¼ inča / 0,5 cm oko rubova. Rasporedite 3 žlice mješavine papra na kvadrate prelivene kiselim vrhnjem, ostavljajući čiste rubove da se dignu. Trebalo bi ga rasporediti prilično ravnomjerno, ali ostavite plitku udubinu u sredini u koju kasnije možete staviti jaje.

d) Galette pecite 14 minuta. Izvadite lim za pečenje iz pećnice i pažljivo razbijte cijelo jaje u udubljenje u sredini svakog peciva. Vratite u pećnicu i pecite još 7 minuta, dok se jaja ne stisnu. Pospite crnim paprom i preostalim začinskim biljem te pokapajte uljem. Poslužite odmah.

25.Galete od šparoga, pršuta i kozjeg sira

SASTOJCI:
- 2 srednje glavice luka, nasjeckane
- 1 žlica maslinovog ulja
- 1 žlica neslanog maslaca
- ½ funte tankih šparoga (oko 15 komada, debljine ¼ do ½ inča), obrezanih
- 2 kruga Galette (recept slijedi), pečene
- ¼ funte tanko narezanog pršuta, poprečno narezanog na tanke ploške
- ⅓ šalice mekog blagog kozjeg sira (oko 4 unce), sobne temperature
- ¼ šalice mlijeka
- ¾ štapića (6 žlica) neslanog maslaca, otopljenog i ohlađenog
- 3 velika žumanjka
- 1 veliko cijelo jaje
- 2 šalice višenamjenskog brašna
- 1¾ žličice soli
- 3 žlice nasjeckanog svježeg vlasca

UPUTE:
a) U tavi kuhajte luk na ulju i maslacu sa soli i paprom po ukusu na umjereno laganoj vatri 15 minuta, ili dok ne porumeni. Prebacite luk u zdjelu da se ohladi.
b) Pripremite veliku zdjelu leda i hladne vode. Narežite šparoge poprečno na komade od ½ inča i kuhajte ih u velikom loncu kipuće slane vode 3 do 5 minuta ili dok ne omekšaju. Ocijedite šparoge u cjedilu i prebacite ih u zdjelu s ledom i hladnom vodom da se prestanu kuhati. Šparoge izvadite iz vode i osušite.
c) Zagrijte pećnicu na 400°F.
d) Ravnomjerno rasporedite luk na okruglice galeta i nadjenite pršutom, šparogama i kozjim sirom. Pecite galette na limu za pečenje u sredini pećnice oko 15 minuta, ili dok vrhovi lagano ne porumene. Prebacite galete na rešetku i ostavite ih da se ohlade.
e) Poslužite galete narezane na kriške na sobnoj temperaturi.

GALETTE RUNDE:

f) U posudi umutiti mlijeko, maslac, žumanjke i cijelo jaje. U drugoj zdjeli pomiješajte brašno, sol i vlasac i umiješajte u mliječnu smjesu dok se ne sjedini.
g) Na lagano pobrašnjenoj površini pobrašnjenim rukama mijesite tijesto otprilike 8 puta ili dok ne postane glatko. Zamotajte tijesto u plastičnu foliju i ohladite sat vremena.
h) Zagrijte pećnicu na 450°F.
i) Podijelite tijesto na 4 dijela. Na lagano pobrašnjenoj površini s pobrašnjenim valjkom za tijesto razvaljajte svaki dio u krug od 8 inča. Prebacite krugove na 2 lima za pečenje i ukrasno skupite rubove. Ohladite tijesto 10 minuta i pecite u sredini i donjoj trećini pećnice oko 5 minuta ili dok ne porumeni. Prebacite galette na rešetke i ostavite ih da se potpuno ohlade. Galettes može se napraviti 1 dan unaprijed i čuvati u plastičnoj vrećici koja se može zatvoriti na sobnoj temperaturi .

26.Galette od patlidžana i rajčice

SASTOJCI:
- 17¼ unci smrznutog lisnatog tijesta
- 2 patlidžana
- Sol
- 5 rajčica šljive
- 15 unci ricotta sira
- 2 žličice češnjaka
- 6 žlica bosiljka
- 2 žličice ružmarina
- 1 žlica origana
- ¼ žličice mljevene crvene paprike
- Crni papar
- 12 unci mozzarella sira
- 2 žlice maslinovog ulja
- ½ šalice parmezana
- Listovi bosiljka za ukras

UPUTE:

a) Stavite list lisnatog tijesta na pobrašnjenu radnu površinu i razvaljajte ga u kvadrat od 14". Prebacite ga na veliki lim za pečenje bez obruba . Kistom za tijesto umočenim u vodu premažite obrub od 1" duž svih strana kvadrata. Rubove tijesta zarolajte za 1 " i stisnite kako biste formirali stojeći rub visok oko ½". Na svakom od uglova će biti malo viška tijesta; pritisnite u oblik lopte. Stražnjom stranom noža napravite uzorak na rubu. Ponovite s drugim listom. Ohladite dok ne postane čvrsto, oko 30 minuta. Ovo se može pripremiti do dan unaprijed. Čvrsto pokrijte plastičnom folijom i ohladite.

b) Stavite kriške patlidžana na lim za pečenje i obilno pospite solju. Pustite ih da odstoje 30 minuta. Stavite u cjedilo i isperite pod hladnom tekućom vodom. Ocijedite i osušite. Ploške rajčice stavite na papirnate ubruse da se ocijede.

c) Pomiješajte ricottu, češnjak, začinsko bilje, ljuskice crvene paprike, ¼ žličice soli i crni papar po ukusu. Svaku koru tijesta rasporedite s pola smjese sira.

d) Pospite mozzarella sirom. Ovo se može pripremiti 4 do 5 sati prije ove točke. Pokrijte i ohladite.
e) Zagrijte pećnicu na 425°F. Na svaki kvadrat od lisnatog tijesta rasporedite kriške patlidžana koji se lagano preklapaju, a zatim na vrh stavite kriške rajčice koje se lagano preklapaju. Pokapajte oko 1-2 žlice maslinovog ulja preko svake galete i pospite parmezanom.
f) Pecite u donjem dijelu pećnice dok korica ne dobije bogatu tamno zlatnosmeđu boju, a povrće omekša, oko 40 minuta. Izvadite na rešetku za hlađenje 2-3 minute. Ukrasite listićima bosiljka. Svaku galetu narežite na 16 kvadrata i poslužite toplu.

27.Galette od krumpira i poriluka

SASTOJCI:
- 500 grama poriluka, julienned
- 1 žlica margarina ili putera
- 2 žlice vode
- 500 grama kuhanog krumpira (kuhanog u ljusci dan ranije), oguljenog i naribanog
- 2 jaja
- ¾ žličice soli
- 1 prstohvat muškatnog oraščića
- Papar po ukusu
- Ulje ili maslac za prženje

UPUTE:
a) U dubljoj tavi zagrijte margarin ili maslac i dodajte narezani poriluk. Dodajte vodu i kuhajte poriluk na pari dok ne omekša.
b) U zdjeli pomiješajte naribani krumpir, jaja, sol, papar i muškatni oraščić.
c) U smjesu od krumpira dodajte poriluk kuhan na pari. Uzimajte veliku žlicu smjese odjednom i poravnajte je u tavi za prženje u male okrugle galete (otprilike veličine i oblika hamburgera).
d) Pržite galette dok ne porumene sa svake strane.
e) Galete od poriluka poslužite uz sezonsku salatu za ugodan obrok.

28.Blitva Galette s fetom i pinjolima

SASTOJCI:
- ¼ šalice ribiza
- 1 luk, narezan na kockice
- 2 češnja češnjaka, mljevena
- 1 veća vezica blitve ili špinata
- ½ šalice fete
- 2 žlice pinjola (ili nasjeckanih badema ili oraha)
- Morska sol i papar
- 2 jaja, tučena (1 žlica rezervirana)
- Tijesto

UPUTE:

ZA PRIPREMU NADJEVA:
a) Uklonite stabljike sa zelenila. Stabljike nasjeckajte kao celer. Listove grubo nasjeckajte.
b) U velikoj tavi na srednjoj vatri pirjajte luk na maslinovom ulju dok ne omekša.
c) Dodajte češnjak i nasjeckane stabljike i kuhajte 2-3 minute.
d) Dodajte nasjeckano zelje i dobro promiješajte. Kuhajte dok ne omekša (oko 5 minuta).
e) Istisnite višak vlage stražnjom stranom drvene žlice. Posolite i popaprite. Smjesu istrljajte u zdjelu, dodajte ribizle i orahe. Dodajte fetu i jaja neposredno prije nego što je žlicom rasporedite po pripremljenom tijestu.

ZA SASTAVLJANJE GALETTE:
f) Zagrijte pećnicu na 375 F
g) Na lagano pobrašnjenoj površini razvaljajte tijesto u grubi krug debljine oko ¼". Prebacite u lim za pečenje obložen papirom za pečenje (najbolji je lim sa stranicama, u slučaju da galette curi).
h) Stavite nadjev na tijesto, ostavljajući rub od 2-3 inča. Nježno preklopite rub preko nadjeva, preklapajući tijesto gdje je potrebno.
i) Premažite vrh tijesta odvojenim jajetom.
j) Pecite 45 minuta do sat vremena, dok tijesto ne postane zlatno, a nadjev čvrst. Pokrijte labavo folijom zadnjih 15 minuta ako se tijesto previše zapeče. Pustite da se ohladi 10 minuta prije rezanja.
k) Poslužite toplo ili na sobnoj temperaturi.

29.Galette od gljiva i celera s umakom od gljiva

SASTOJCI:
ZA NADJEV:
- 1 mali korijen celera (¾ funte)
- 2 srednja poriluka
- 1 funta bijelih gljiva
- 3 žlice maslinovog ulja
- 1 velika glavica luka sitno nasjeckana
- 1 limun, prepolovljen
- ½ žličice sušenog estragona
- Sol i svježe mljeveni papar, po ukusu
- 2 srednja režnja češnjaka, nasjeckana
- ¼ šalice svježeg ravnog lista peršina, nasjeckanog, plus još za ukras

ZA UMAK OD GLJIVA:
- ½ šalice creme fraiche ili kiselog vrhnja
- 2 žlice svježe ribanog parmezana ili sira Asiago
- Umak od gljiva

ZA UMAK OD GLJIVA:
- Gljive proizlaze iz bijelih gljiva
- Obrezci korijena celera
- Obrezci poriluka
- 2 žlice maslinovog ulja
- 1 manja glavica luka nasjeckana
- 1 češanj češnjaka, nasjeckan
- 1 šalica pileće ili povrtne juhe
- ½ šalice bijelog vina
- Sol i papar, po ukusu

ZA TIJESTO:
- Dizano tijesto ili tijesto za pite

DODATNO:
- 1 veliko jaje, istučeno

UPUTE:
ZA UMAK OD GLJIVA:
a) U velikoj tavi koja ne reaguje, zagrijte 2 žlice maslinovog ulja na laganoj vatri.
b) Šupljikavom žlicom prebacite korijen celera narezan na kockice u tavu. Dodajte nasjeckani poriluk i luk.

c) Iscijedite pola limuna preko povrća, dodajte estragon i kuhajte dok tekućina ne ispari , a povrće ne omekša i počne rumeniti (oko 12 minuta). Posolite i popaprite.
d) Premjestite smjesu u zdjelu koja ne reaguje.
e) U istoj tavi zagrijte preostalu 1 žlicu ulja na jakoj vatri. Umiješajte gljive dok se ne pokapaju uljem, a zatim preko njih iscijedite preostalu polovicu limuna. Kuhajte dok gljive ne dobiju boju (oko 2 minute).
f) Začinite peršinom, solju i paprom. Maknite s vatre i umiješajte mješavinu korijena celera. Umiješajte ½ šalice pripremljenog umaka od gljiva, creme fraiche i parmezan.

ZA GALETTE:
g) Zagrijte pećnicu na 375 stupnjeva.
h) Na lagano pobrašnjenom limu za pečenje bez stranica razvaljajte galette tijesto u krug od 14 inča. (Alternativno, podijelite tijesto na 4 jednaka dijela i razvaljajte u krugove od 8 inča.)
i) Rasporedite nadjev po tijestu, ostavljajući rub od 2 inča. Savijte i naborajte rub tijesta.
j) Premažite tijesto razmućenim jajetom.
k) Pecite galette dok ne porumene, oko 30 minuta za tijesto s kvascem i 40 minuta za tijesto za pite.

ZA POSLUŽIVANJE:
l) Ulijte ¼ šalice umaka od gljiva na vrh galette .
m) Ukrasite nasjeckanim peršinom.
n) Galette narežite na kriške i svaki prelijte malo umaka.

ZA UMAK OD GLJIVA:
o) U velikom loncu zagrijte 2 žlice maslinovog ulja.
p) Dodajte peteljke gljiva, komade korijena celera, komade poriluka, luk i češnjak. Pirjajte dok povrće ne omekša .
q) Ulijte pileću ili povrtnu juhu i bijelo vino. Posolite i popaprite.
r) Smjesu kuhajte na laganoj vatri oko 20 minuta, zatim procijedite, odbacujući krutine.
s) Tekućinu vratiti u lonac i kuhati dok se ne reducira i zgusne.
t) Po potrebi prilagodite začine.
u) Upotrijebite ovaj umak od gljiva u nadjevu za galette prema gore navedenim uputama.

30.Galeta od krumpira i gljiva

SASTOJCI:
- 1 funta raznih šumskih gljiva
- 1½ žlice maslaca
- 2½ žlice uljane repice
- Sol, po ukusu
- ½ žličice papra
- 2½ funte višenamjenskog krumpira
- 1½ žlice ekstra djevičanskog maslinovog ulja

UPUTE:
a) Gljive temeljito isperite u hladnoj vodi. Gljive izvadite iz vode i dobro ocijedite. Narežite gljive na ploške debljine ¼ inča.
b) U velikoj tavi koja se ne lijepi, otopite maslac u 1 žlici kanolinog ulja. Dodajte gljive, ½ žličice soli i papra. Kuhajte na jakoj vatri uz povremeno miješanje dok tekućina ne ispari, a gljive počnu pržiti (oko 10 minuta). Premjestite u zdjelu. Obrišite tavu.
c) Krumpir ogulite i narežite u sjeckalici ili na sitno ribež. Isperite trakice krumpira i osušite ih tapkanjem.
d) U tavi zagrijte maslinovo ulje i preostalih 1½ žlice uljane repice. Dodajte krumpir i ½ žličice soli. Promiješajte i pirjajte na jakoj vatri dok lagano ne porumene (oko 5 minuta). Trećinu krumpira prebacite u zdjelu.
e) Pritisnite preostale krumpire u tavi kako biste stvorili tanku, čvrstu "krevetu".
f) Žlicom rasporedite gljive po sloju krumpira, pa po vrhu rasporedite odvojeni krumpir tako da pokrije najveći dio gljiva. Lagano pritisnite kako biste stisnuli galetu .
g) Poklopite i kuhajte galette na umjerenoj vatri, povremeno protresajući posudu, dok ne porumene na dnu (oko 10 minuta).
h) Maknite s vatre i ostavite da odstoji 5 minuta. Preokrenite galette na okrugli pladanj, narežite ga na kriške i poslužite.

31.Galette od slatkog krumpira

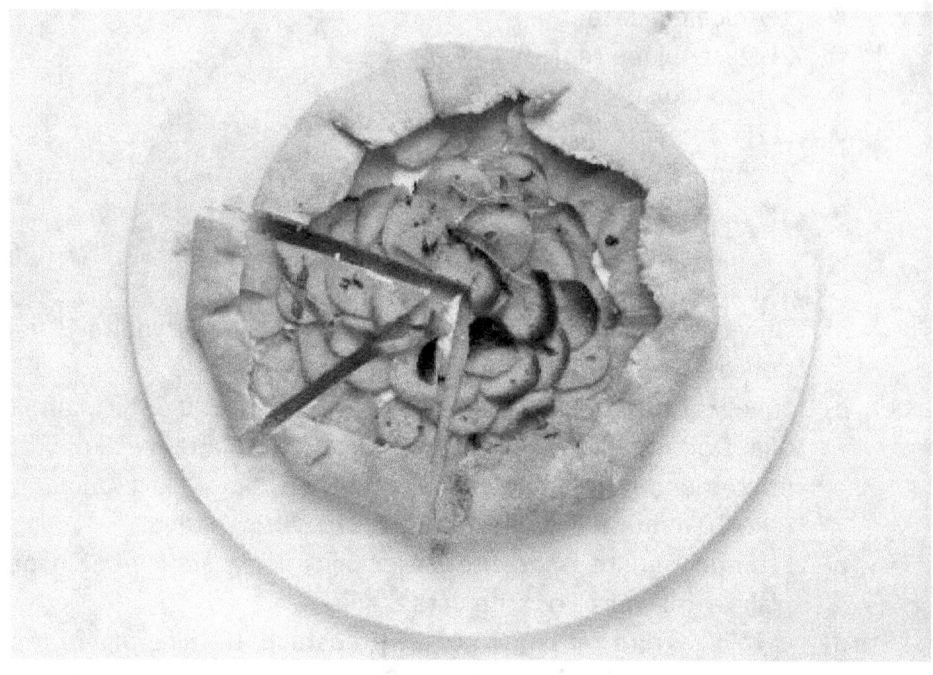

SASTOJCI:
- 2 funte Yukon Gold ili Yellow Finn krumpira
- 4 kilograma slatkog krumpira
- ¾ šalice maslaca
- Posolite i popaprite po ukusu

FAKULTATNA PRATNJA:
- Kompot od jabuke i komorača (vidi recept)
- Creme fraiche

UPUTE:
a) Ogulite žuti krumpir i slatki krumpir, zatim ih narežite na tanke ploške, otprilike 1/16 inča.
b) Prekrijte žute kriške krumpira u hladnoj vodi dok ne budu spremni za upotrebu kako biste spriječili da porumene.
c) U tavi od 12 inča otopite 5 žlica maslaca i maknite je s vatre.
d) U posebnoj posudi rastopite preostali maslac.
e) Posložite jedan sloj ploški batata preko otopljenog maslaca u tavi. Koristite što ujednačenije kriške za donji sloj.
f) Počnite od sredine tave i stvorite koncentrične krugove koji se preklapaju, mijenjajući smjer svakog kruga dok se ne prekrije dno tave.
g) Premažite ovaj sloj dodatno otopljenim maslacem i obilno pospite solju i paprom.
h) Ponovite postupak sa slojem žutih krumpira, premažite ih otopljenim maslacem i začinite solju i paprom.
i) Nastavite izmjenjivati slojeve slatkog krumpira i žutog krumpira dok se tava ne napuni.
j) Stavite tavu s krumpirom na srednje jaku vatru i kuhajte dok ne počne cvrčiti. Nastavite kuhati još 5 minuta, povremeno protresajući tavu da spriječite lijepljenje.
k) Pokrijte krumpir folijom i pecite na 450 stupnjeva celzijusa dok se krumpir ne skuha , otprilike 30 minuta. Provjerite je li pečeno ražnjićem ili nožem za guljenje.
l) Uklonite foliju i lopaticom pritisnite krumpir, zbijajući slojeve. Pecite otklopljeno dodatnih 10 minuta.
m) Izvadite iz pećnice i pažljivo odlijte višak maslaca iz tave.
n) Stavite veliki tanjur ili pladanj na tavu i okrenite ga naopako, zamijenite sve kriške koje bi mogle otpasti.
o) Galette narežite na kriške i poslužite. Po želji, popratite ga kompotom od jabuke i komorača i creme fraicheom.

32.Galeta od rajčice i karameliziranog luka

SASTOJCI:
- 2½ funte žutog luka, krupno nasjeckanog
- 6 grančica svježeg timijana ILI 2 prstohvata osušenog timijana
- ¼ šalice maslinovog ulja
- Sol i svježe mljeveni papar
- 1 žlica svježeg ružmarina, mljevenog ILI 1 žličica sušenog ružmarina
- Dizano tijesto ili tijesto za pite
- 3 unce gorgonzola sira
- 1 velika cherry rajčica ili rajčica šljiva, narezana poprečno na ⅓" debljine
- 1 veliko jaje, istučeno

UPUTE:
a) U velikoj, teškoj tavi koja ne reaguje, kuhajte luk i majčinu dušicu na umjerenoj vatri, miješajući jednom ili dvaput, dok luk ne poprimi zlatnu boju, oko 15 minuta.
b) Dodajte 3 žlice ulja, poklopite i kuhajte na laganoj vatri, stružući tavu svakih 10 minuta, dok luk ne porumeni, oko 1 sat.
c) Začinite solju, paprom i 2 žličice svježeg ružmarina (ili cijelog osušenog ružmarina). Neka se ohladi.
d) Zagrijte pećnicu na 400 stupnjeva.
e) Na lagano pobrašnjenom limu za pečenje bez stranica razvaljajte galette tijesto u krug od 14 inča. (Alternativno, podijelite tijesto na 4 jednaka dijela i razvaljajte u krugove od 8 inča.)
f) Raširite karamelizirani nadjev od luka preko tijesta, ostavljajući rub od 2 inča.
g) Na vrh izmrvite sir gorgonzolu i preklopite kolutove rajčice.
h) Začinite solju i paprom te po vrhu pokapajte preostalu 1 žlicu ulja.
i) Savijte i naborajte rub tijesta. Premažite tijesto razmućenim jajetom.
j) Pecite galette dok korica ne porumeni, oko 20 minuta za tijesto s kvascem i 35 minuta za tijesto za pite.
k) Pospite preostalu 1 žličicu svježeg ružmarina po vrhu i poslužite galette vruće ili toplo.

33. Galette od kukuruza s tikvicama i kozjim sirom

SASTOJCI:
ZA NADJEV:
- 1 žlica maslinovog ulja
- 1 srednja ljutika, mljevena
- 1 srednja tikvica, narezana na kockice od ¼ inča
- ¼ žličice košer soli, plus još po potrebi
- Svježe mljeveni crni papar
- 2 šalice svježih zrna kukuruza (od otprilike 3 do 4 klipa)
- 2 žličice svježeg lišća timijana
- 3 unce svježeg kozjeg sira, izmrvljenog (oko ¾ šalice)

ZA SASTAVLJANJE:
- Univerzalno brašno, za posipanje
- 1 kupljena kora za pitu (oko 7,5 unci), odmrznuta ako je zamrznuta
- 1 žličica Dijon senfa

UPUTE:
NAPRAVITE NADJEV:
a) Zagrijte ulje u velikoj tavi na srednje jakoj vatri dok ne počne svjetlucati.
b) Dodajte ljutiku i pirjajte dok ne počne omekšavati, oko 2 minute.
c) Dodajte tikvice, ¼ žličice soli i začinite paprom. Kuhajte dok povrće ne omekša, 4 do 5 minuta.
d) Maknite s vatre i umiješajte zrna kukuruza i listiće timijana.
e) Prebacite smjesu u zdjelu i ostavite da se ohladi na sobnoj temperaturi.
f) Postavite rešetku u sredinu pećnice i zagrijte je na 400°F. Lim za pečenje obložite papirom za pečenje.
g) Kada se smjesa ohladi dodajte kozji sir i promiješajte da se sjedini. Po potrebi začinite s još soli i papra.

SASTAVITE GALETTE:
h) Stavite koru za pitu na lagano pobrašnjenu radnu površinu.
i) Koristeći valjak, razvaljajte tijesto na krug promjera oko 12 inča.
j) Počevši od jednog kraja tijesta, labavo namotajte koru za pitu oko valjka za tijesto.
k) Prebacite ga na pripremljeni lim za pečenje i ponovno razmotajte tijesto.

l) Rasporedite senf po tijestu, ostavljajući rub od oko 1 ½ do 2 inča.
m) Nadjev ravnomjerno rasporedite po senfu.
n) Nježno presavijte rubove tijesta preko nadjeva, pokrivajući oko 1 ½ do 2 inča nadjeva i nabirajte tijesto svakih 2 inča dok idete.
o) Pecite dok korica ne postane zlatno-smeđa, 30 do 40 minuta.
p) Ostavite galette da se ohladi najmanje 5 do 10 minuta prije rezanja na kriške i posluživanja.

34. Salama od sira i rajčica Galette

SASTOJCI:
- 130 g maslaca
- 300 g brašna
- 1 žličica soli
- 1 jaje
- 80 ml mlijeka
- ½ žličice octa

PUNJENJE:
- 1 rajčica
- 1 slatka paprika
- tikvica
- salama
- mozzarella
- 1 žlica maslinovog ulja
- začinsko bilje (poput majčine dušice, bosiljka, špinata)

UPUTE:
a) Maslac nasjeckajte na kockice.
b) U zdjeli ili tavi pomiješajte ulje, brašno i sol te usitnite nožem.
c) Umiješajte jaje, malo octa i malo mlijeka.
d) Počnite mijesiti tijesto. Stavite u hladnjak na pola sata nakon što ste ga razvaljali u kuglu i zamotali u plastičnu foliju.
e) Izrežite sve sastojke za punjenje .
f) Stavite nadjev u sredinu velikog kruga tijesta koji je razvaljan na papiru za pečenje (osim Mozzarelle).
g) Pokapajte maslinovim uljem i začinite solju i paprom.
h) Zatim pažljivo podignite rubove tijesta, omotajte ih oko dijelova koji se preklapaju i lagano ih utisnite.
i) Zagrijte pećnicu na 200°C i pecite 35 minuta. Desetak minuta prije isteka vremena pečenja dodajte mozzarellu i nastavite peći.
j) Poslužite odmah!

35. Galette od rajčice, pesta i kozjeg sira

SASTOJCI:
- 8½ unci lisnatog tijesta
- ⅓ šalice pesta
- 2 žlice parmezana; plus 1 žličica
- 3 srednje zrele rajčice
- 4 unce Ohlađeni kozji sir, izmrvljen i ohlađen
- ½ šalice Nicoise maslina; bez koštice
- Svježe mljeveni crni papar
- 1 žlica ekstra djevičanskog maslinovog ulja
- 3 lista svježeg bosiljka; nasjeckani (na 4 žlice)

UPUTE:
a) Pripremite koru: Trebat će vam kalup za tart od 10 ili 11 inča. List lisnatog tijesta odmrzavajte 30 minuta. Zagrijte pećnicu na 400 stupnjeva.
b) Razvijte tijesto i razvaljajte ga na kvadrat od 14 inča ili 4 inča veći od kalupa za tart. Izrežite krug 2 inča veći od posude koristeći dno posude kao vodič.
c) Položite tijesto u kalup za tart, preklopite preko oko 1 inča tijesta kako biste oblikovali rub. Izbodite vilicom dno i strane tijesta u razmacima od 1 inča. Pecite 15 minuta ili dok ne porumeni.
d) Sastavite kolač: Pesto rasporedite po tijestu. Preko pesta pospite 2 žlice parmezana.
e) Obrišite rajčice, izvadite jezgru i narežite ih na kriške od ¼ inča. Rasporedite ploške rajčice u koncentrične krugove, počevši od vanjskog ruba kore tijesta.
f) Izmrvite kozji sir preko rajčice. Po vrhu rasporedite masline, pa pospite preostalom 1 žličicom parmezana. Po vrhu sameljite crni papar i pokapajte maslinovim uljem.
g) Pecite tart 15 minuta ili dok se kozji sir ne počne topiti. Ako rub postane presmeđi, prekrijte ga trakama aluminijske folije.
h) Neposredno prije posluživanja ukrasite vrh tarta nasjeckanim bosiljkom.
i) Tart se može poslužiti topao ili na sobnoj temperaturi.

36.Špinat i Ricotta Galette

SASTOJCI:
- 1 list lisnatog tijesta iz trgovine, odmrznut
- 2 šalice svježeg špinata, nasjeckanog
- 1 šalica ricotta sira
- 1/4 šalice ribanog parmezana
- 1 češanj češnjaka, samljeven
- Posolite i popaprite po ukusu
- 1 jaje, tučeno (za pranje jaja)

UPUTE:
a) Zagrijte pećnicu na 375°F (190°C) i obložite lim za pečenje papirom za pečenje.
b) U zdjeli pomiješajte nasjeckani špinat, ricotta sir, parmezan, nasjeckani češnjak, sol i papar.
c) Lisnato tijesto razvaljajte na lagano pobrašnjenoj površini u grubi krug promjera oko 12 inča.
d) Ravnomjerno rasporedite smjesu špinata i ricotte preko lisnatog tijesta, ostavljajući rub od oko 2 inča oko rubova.
e) Presavijte rubove lisnatog tijesta preko smjese od špinata, naborajte po potrebi da dobijete rustikalni oblik galeta.
f) Rubove tijesta premažite razmućenim jajetom.
g) Pecite u prethodno zagrijanoj pećnici 25-30 minuta, odnosno dok tijesto ne porumeni i nadjev se stegne.
h) Neka se malo ohladi prije posluživanja.

37.Brokula i Cheddar Galette

SASTOJCI:
- 1 list lisnatog tijesta iz trgovine, odmrznut
- 2 šalice cvjetića brokule, blanširane i nasjeckane
- 1 šalica nasjeckanog cheddar sira
- 1/4 šalice ribanog parmezana
- Posolite i popaprite po ukusu
- 1 jaje, tučeno (za pranje jaja)

UPUTE:
a) Zagrijte pećnicu na 375°F (190°C) i obložite lim za pečenje papirom za pečenje.
b) U zdjeli pomiješajte nasjeckanu brokulu, nasjeckani cheddar sir, parmezan, sol i papar.
c) Lisnato tijesto razvaljajte na lagano pobrašnjenoj površini u grubi krug promjera oko 12 inča.
d) Ravnomjerno rasporedite smjesu brokule i sira preko lisnatog tijesta, ostavljajući rub oko 2 inča oko rubova.
e) Presavijte rubove lisnatog tijesta preko smjese brokule, naborajte po potrebi.
f) Rubove tijesta premažite razmućenim jajetom.
g) Pecite 25-30 minuta ili dok tijesto ne porumeni, a nadjev postane mjehurić.
h) Neka se malo ohladi prije posluživanja.

38. Galette od tikvica i ricotte s pestom od bosiljka

SASTOJCI:
- 1 list lisnatog tijesta iz trgovine, odmrznut
- 2 male tikvice, tanko narezane
- 1/2 šalice ricotta sira
- 2 žlice pesta od bosiljka
- Posolite i popaprite po ukusu
- 1 jaje, tučeno (za pranje jaja)
- Listovi svježeg bosiljka za ukras (po želji)

UPUTE:
a) Zagrijte pećnicu na 375°F (190°C) i obložite lim za pečenje papirom za pečenje.
b) U zdjeli pomiješajte ricotta sir i pesto od bosiljka. Začinite solju i paprom po ukusu.
c) Lisnato tijesto razvaljajte na lagano pobrašnjenoj površini u grubi krug promjera oko 12 inča.
d) Ravnomjerno rasporedite smjesu ricotte i pesta preko lisnatog tijesta, ostavljajući rub oko 2 inča oko rubova.
e) Na smjesu od ricotte posložite narezane tikvice.
f) Preklopite rubove lisnatog tijesta preko tikvica i ricotte, naborajte po potrebi.
g) Rubove tijesta premažite razmućenim jajetom.
h) Pecite 25-30 minuta, ili dok tijesto ne porumeni, a tikvice mekane.
i) Neka se malo ohladi prije posluživanja. Po želji ukrasite listićima svježeg bosiljka.

39.Galeta od karameliziranog luka i špinata

SASTOJCI:
- 1 list lisnatog tijesta iz trgovine, odmrznut
- 2 velika luka, tanko narezana
- 2 žlice maslinovog ulja
- 2 šalice svježeg lišća špinata
- 1/4 šalice ribanog parmezana
- Posolite i popaprite po ukusu
- 1 jaje, tučeno (za pranje jaja)

UPUTE:
a) Zagrijte pećnicu na 375°F (190°C) i obložite lim za pečenje papirom za pečenje.
b) U velikoj tavi zagrijte maslinovo ulje na srednje jakoj vatri. Dodajte narezani luk i kuhajte uz povremeno miješanje dok se ne karamelizira, oko 20-25 minuta.
c) Lisnato tijesto razvaljajte na lagano pobrašnjenoj površini u grubi krug promjera oko 12 inča.
d) Ravnomjerno rasporedite karamelizirani luk po lisnatom tijestu, ostavljajući rub oko 2 inča oko rubova.
e) Listove svježeg špinata posložite na karamelizirani luk.
f) Po špinatu pospite naribani parmezan.
g) Začinite solju i paprom po ukusu.
h) Presavijte rubove lisnatog tijesta preko špinata i luka, naborajte po potrebi.
i) Rubove tijesta premažite razmućenim jajetom.
j) Pecite 25-30 minuta ili dok tijesto ne porumeni i dok se nadjev ne zagrije.
k) Neka se malo ohladi prije posluživanja.

GALETTE OD ORAŠA

40. Galete od malina i lješnjaka s kulisom od malina

SASTOJCI:
- 2 unce zlatnog šećera u prahu
- 3 unce mljevenih lješnjaka
- 4 unce glatkog brašna, prosijanog
- 3 unce neslanog maslaca, ohlađenog i izrezanog na male komadiće
- 1 žumanjak, istučen
- 1 funta + 2 unce malina
- 4 žlice šećera u prahu, prosijanog
- 284 ml vrhnja za šlag

UPUTE:
a) U sjeckalici pomiješajte šećer, lješnjake i brašno. Dodajte maslac i miješajte dok smjesa ne nalikuje finim krušnim mrvicama. Dodajte žumanjak i miksajte dok smjesa ne postane kugla.

b) Razvaljajte tijesto na oko 3 mm (½") debljine na lagano pobrašnjenoj površini. Izrežite 16 krugova pomoću rezača od 6 cm (2½"). Stavite na tepsiju koja se ne lijepi i pecite u prethodno zagrijanoj pećnici na 180°C (350°F, plinska oznaka 4) 12-15 minuta ili dok ne dobiju laganu boju. Malo ohladite prije prebacivanja na rešetku za hlađenje.

c) Za pripremu coulisa, polovicu malina zgnječite u pire i izvadite koštice. Umiješajte 45 ml (3 žlice) šećera u prahu.

d) Umutiti vrhnje i umiješati preostali šećer u prahu.

e) Sendvič dva kruga prhkog tijesta s vrhnjem i preostalim cijelim malinama. Na vrh stavite još vrhnja i malina. Ponovite da napravite 8 galete.

f) Poslužite posuto šećerom u prahu, ukrašeno grančicama mente i popraćeno coulijem od malina.

41.Mango orašasti plodovi Nutella pita Galette

SASTOJCI:
- 7 unci brašna
- 3½ unce veganskog maslaca (tanke kriške)
- 2 žlice šećera
- 2 žlice ledeno hladne vode
- 1 mango
- Prstohvat soli
- 4-5 žlica paste od lješnjaka
- ¼ šalice bademovog mlijeka i ½ žlice šećera za premazivanje i premazivanje kore

UPUTE:
a) U sjeckalici pomiješajte brašno i maslac.
b) Dodajte šećer, prstohvat soli i na kraju vodu da dobijete jednolično tijesto.
c) Ostavite da se odmori 30 minuta u hladnjaku.
d) Mango narežite na tanke ploške i ostavite sa strane.
e) Uzmite tijesto za pitu i oklagijom ga razvaljajte u krug od 10-12 inča.
f) Zagrijte pećnicu na 400°F.
g) U sredinu tijesta za pitu premažite 4-5 žlica domaće Nutelle. Ostavite oko 1 inč ruba slobodnim.
h) Na tijesto stavite kriške manga u krug.
i) Preklopite rub tijesta preko manga kao kore.
j) Premažite koru bademovim mlijekom. Koru pospite šećerom.
k) Pecite 35-40 minuta u pećnici.
l) Poslužite odmah.

42.Nektarine i šljive Pistacije Galette

SASTOJCI:
KORA OD PISTACIJA
- 1 ½ šalice višenamjenskog brašna
- ¼ šalice neslanih pistacija, bez ljuske i grubo mljevenih
- 1 žličica granuliranog šećera
- ¼ žličice soli
- ½ šalice neslanog hladnog maslaca, narezanog na ploške ili na kockice od 1 cm
- 1 veliki žumanjak
- 4 do 5 žlica hladne vode

VOĆNI NADJEV
- ¼ šalice granuliranog šećera
- 3 žlice pojačivača nadjeva za pitu
- ¼ žličice mljevenog cimeta
- 6 do 8 nektarina, bez koštica i narezanih na ploške
- 6 do 8 šljiva očišćenih od koštica i narezanih na ploške
- 1 žlica soka od limuna
- 2 žlice neslanog maslaca izrezati na kockice od 1 cm
- 1 žlica granuliranog šećera
- ¼ šalice neslanih pistacija, bez ljuske i grubo mljevenih

UPUTE:
a) U srednjoj posudi pomiješajte brašno, pistacije, šećer i sol. Prelijte maslacem i premažite smjesom od brašna.
b) Koristeći miješalicu za tijesto ili vilicu s dugim zupcima, izrežite maslac i žumanjak dok smjesa ne postane mrvičasta veličine malog graška.
c) Dodajte vodu 2 žlice odjednom i nastavite rezati u smjesu brašna dok se ne formira tijesto koje može napustiti stijenke zdjele i postati jedna kohezivna masa tijesta. Tijesto oblikujte u spljošteni disk.
d) Dobro pokrijte plastičnom folijom i ostavite tijesto da se ohladi u hladnjaku 30 minuta.
e) U međuvremenu, u velikoj zdjeli pjenasto pomiješajte šećer, pojačivač nadjeva za pite i cimet. Napomena: ako koristite višenamjensko brašno kao zgušnjivač, dodajte ¼ šalice šećera;

Staviti na stranu. Ubacite nektarine i šljive. Pospite sokom od limuna, lagano promiješajte; Staviti na stranu.

f) Zagrijte pećnicu na 425°F i obložite veliki lim za pečenje papirom za pečenje ili silikonskom podlogom za pečenje; Staviti na stranu.

g) Nakon što se tijesto ohladi, lagano pobrašnite čistu i suhu površinu. Razvaljajte tijesto u pravokutnik 12×8 inča, debljine oko ⅛ inča. Preostalim ostacima popunite sve praznine ili poderotine u razvaljanom tijestu. Uz pomoć velike stolne strugalice premjestite list tijesta na pripremljeni lim za pečenje.

h) Nježno zarolajte rubove prema unutra i lagano stisnite šav tijesta kako biste stvorili rub.

i) Od istog voća, zgrabite kriške koje su otprilike iste veličine i počnite slagati voće počevši od središta prema rubovima. Kada polažete voće najbliže rubovima, koristite manje kriške da popunite praznine. Izmjenjivanje boja i kutova prilikom polaganja voća stvorit će dinamičniju estetiku.

j) Preko nadjeva pospite 2 žlice maslaca izrezanog na kockice. Rub tijesta kistom premažite vodom i pospite 1 žlicom šećera. Preostale pistacije pospite po galetti.

k) Pecite 30 do 40 minuta ili dok korica ne porumeni, a voće omekša. Ostavite galette da se ohladi na rešetki 1 sat prije posluživanja. UŽIVATI!

43. Džem od malina i sladića i Galette od lješnjaka

SASTOJCI:
- ¾ šalice sirovih lješnjaka s kožom
- ¾ žličice soli
- 1¼ šalice glatkog brašna, plus još za radnu površinu
- ½ šalice (1 štapić) ohlađenog neslanog maslaca, narezanog na komade od 1,5 cm
- ¼ šalice šećera
- 2 velika žumanjka
- džema od malina i sladića
- 1 žličica sitno naribane korice limete
- 1 žlica svježeg soka od limete
- 1 veliko jaje, umućeno da se sjedini
- 2 žlice sirovog šećera
- Sladoled od lješnjaka ili vanilije (za posluživanje; po želji)

UPUTE:
a) Zagrijte pećnicu na 190°C.
b) Pomiješajte lješnjake, sol i 1¼ šalice brašna u multipraktiku dok orasi ne budu vrlo fino samljeveni; prebacite u srednju zdjelu i ostavite sa strane.
c) Maslac i šećer izmiksajte u multipraktiku dok ne postane glatko. Dodati žumanjke i miksati samo da se sjedine. Dodajte rezerviranu smjesu lješnjaka i miješajte dok se ne sjedini. Skupite u kuglu, spljoštite u disk i zamotajte u plastiku. Ohladite najmanje 2 sata.
d) Pomiješajte džem od malina i sladića, koricu limete i sok limete u maloj posudi da se pomiješaju; Staviti na stranu.
e) Razvaljajte tijesto na pobrašnjenom papiru za pečenje na 35 cm, debljine oko 3 mm, pospite tijesto brašnom koliko je potrebno da se ne lijepi. Smjesu pekmeza rasporedite po tijestu, ostavljajući rub od 4 cm. Razmućenim jajetom premažite rub tijesta. Koristeći papir za pečenje kao pomoć, preklopite rub tijesta preko pekmeza, stisnuvši sve pukotine u tijestu. Papir za pečenje s galetom navući na tepsiju. Gornji dio tijesta premažite razmućenim jajetom; pospite sirovim šećerom.
f) Pecite galette, okrećući ga do pola, dok kora ne porumeni, 30-40 minuta.
g) Prođite velikom lopaticom ili nožem između kolača i papira kako biste oslobodili kolač od pekmeza koji je možda izašao. Pustite da se potpuno ohladi na tavi na rešetki.
h) Narežite na kriške i po želji poslužite sa sladoledom.

44. Galette od badema i slanog sira

SASTOJCI:
ZA NADJEV:
- 1 funta Roqueforta ili Camemberta, omekšanog, a kora odbačena
- ¼ šalice gustog vrhnja
- ¼ šalice suhog bijelog vina
- 1 veliki žumanjak
- 2 žlice višenamjenskog brašna
- Posolite i popaprite po ukusu

ZA TIJESTO:
- 3 šalice višenamjenskog brašna
- 2 žlice šećera
- ¼ žličice soli
- 1½ štapića hladnog neslanog maslaca, narezanog na komadiće (¾ šalice)
- 2 velika jaja, lagano istučena
- ¼ šalice narezanih badema, po mogućnosti blanširanih, lagano tostiranih
- Naprava za pranje jaja napravljena miješanjem 1 velikog žumanjka s 1 žlicom vode
- Crveno grožđe kao prilog

UPUTE:
NAPRAVITE NADJEV:
a) U sjeckalici izmiksajte Roquefort (ili Camembert) narezan na komadiće, vrhnje, vino, žumanjak, brašno, sol i papar dok nadjev ne postane gladak.

NAPRAVITE TIJESTO:
b) U zdjeli pomiješajte brašno, šećer i sol.
c) Dodajte maslac i miješajte smjesu dok ne nalikuje grubom obroku.
d) Umiješajte razmućena jaja.
e) Na lagano pobrašnjenoj površini lagano mijesite tijesto nekoliko sekundi dok se ne sjedini.
f) Tijesto podijelite na pola, svaku polovicu oblikujte u kuglu i ohladite tijesto, umotano u plastičnu foliju, 1 sat.

SASTAVITE GALETTE:

g) Na lagano pobrašnjenoj površini razvaljajte svaku kuglicu tijesta u krug od 10 inča.

h) Utisnite jedan krug tijesta u dno i ¾ inča prema gore maslacem okruglog kalupa za tortu od 9 inča.

i) Nadjev ravnomjerno rasporedite po dnu tijesta uskom metalnom kuhačom.

j) Nadjev pospite prženim narezanim bademima.

k) Vrhom lopatice preklopite rub tijesta preko nadjeva.

l) Rasporedite preostali krug tijesta na vrh nadjeva i pritisnite rub gornjeg kruga između donjeg kruga i stranice posude, obuhvatite nadjev i zatvorite galetu.

m) Vilicom zarežite vrh u dijamantni uzorak, premažite tijesto vodom od jaja i ohladite galette najmanje 30 minuta do 8 sati.

n) Zagrijte pećnicu na 400°F.

o) Galette pecite u sredini prethodno zagrijane pećnice 50 do 55 minuta ili dok ne porumene.

p) Pustite da se ohladi u tavi na rešetki 10 minuta.

q) Prođite tankim nožem oko ruba galete, pažljivo je preokrenite na tanjur i preokrenite na rešetku.

r) Pustite da se galeta potpuno ohladi i poslužite je narezanu na tanke kolutove s grožđem.

45.Galette od breskve i kupine s bademima

SASTOJCI:
TIJESTO
- 1⅓ šalice višenamjenskog brašna
- 1 žlica šećera
- ½ žličice fine morske soli
- 1 veliko jaje
- Masno vrhnje, po potrebi
- 2 žličice soka od limuna
- ½ žličice naribane korice limuna
- 1 štapić neslanog maslaca, narezan na velike komade

PUNJENJE
- 2 šalice narezanih breskvi (oguljenih ili ne, po želji)
- 1 šalica kupina
- ½ šalice svijetlo smeđeg šećera
- 3½ žlice kukuruznog škroba
- 1 prstohvat soli
- ½ limuna, bez korice i soka
- ¼ žličice ekstrakta badema (po izboru)
- ¼ šalice narezanih badema
- 1 žlica granuliranog šećera

UPUTE:
ZA KORE:
a) U procesoru hrane opremljenom čeličnom oštricom ili velikoj zdjeli, promiješajte ili pomiješajte brašno, šećer i sol. U posudi za mjerenje lagano umutite jaje, a zatim dodajte vrhnja dovoljno da dobijete ⅓ šalice. Lagano umutite jaje i vrhnje.
b) Dodajte maslac u smjesu brašna i izmrvite maslac ili koristite rezač za tijesto ili prste. Ako koristite procesor hrane, nemojte pretjerano obrađivati; potrebni su vam komadići maslaca veličine slanutka.
c) Pokapajte smjesu jaja (do ¼ šalice) preko tijesta i pulsirajte ili miješajte dok se tek ne počne spajati, ali još uvijek bude većinom velikih mrvica.
d) Umiješajte limunov sok i koricu.

e) Stavite tijesto na lagano pobrašnjenu radnu površinu i utapkajte ga da dobijete jednoličan komad. Spljoštite u disk, zamotajte u plastiku i ohladite 2 sata ili do 3 dana.
f) Zagrijte pećnicu na 400°F. Razvaljajte tijesto na okrugli oblik od 12 inča (može se razvući).
g) Prebacite u obrubljen pleh obložen papirom za pečenje i ohladite dok pripremate nadjev.

ZA NADJEV:
h) U velikoj zdjeli pomiješajte breskve i kupine, svijetlo smeđi šećer, kukuruzni škrob, prstohvat soli, limunov sok i koricu te ekstrakt badema.

ZA SASTAVLJANJE:
i) Stavite voćnu smjesu na krug od tijesta, ostavljajući rub od 1½ inča.
j) Nježno preklopite tijesto preko voća, naborajte ga da ga zadržite (nemarno je u redu).
k) Tijesto obilno namažite ostatkom smjese jaja i vrhnja. Po vrhu pospite bademe i kristalni šećer.
l) Pecite 35-45 minuta, dok nadjev snažno ne zabubi i korica ne porumeni.
m) Ohladite najmanje 20 minuta na rešetki. Poslužite toplo ili na sobnoj temperaturi.

46. Brusnica Orah Galette

SASTOJCI:
- 1 jednostruko tijesto za pitu

NADJEV OD ORAHA BRUSNICA
- 2 šalice cijelih brusnica
- ⅔ šalice šećera
- 1 ¼ žličice kukuruznog škroba
- prstohvat muškatnog oraščića
- prstohvat soli
- ¼ žličice naribane svježe narančine korice ili ½ žlice likera od naranče
- ¼ šalice nasjeckanih oraha

PRANJE JAJA
- 1 jaje
- 1 žlica vode
- ¼ žličice cimeta

UPUTE:
a) Stavite 1½ šalice brusnica u procesor hrane i miksajte dok se grubo ne nasjeckaju. U srednjoj zdjeli pomiješajte nasjeckane i cijele brusnice s preostalim sastojcima za nadjev.
b) Podijelite koru na četiri jednaka dijela. Svaki dio razvaljajte u krug debljine oko ¼ inča. Stavite krugove na pleh obložen papirom za pečenje. Namažite vanjske rubove vodom od jaja. Za pranje jaja, umutite cijelo jaje i 1 žlicu vode.
c) Hrpa nadjeva u sredini ostavljajući 1½ inča oko rubova.
d) Savijte rubove prema gore i stisnite ih tako da dobijete tijesto poput zdjele. (Ja sam stavila čvrsti dio nadjeva, pa rubove preklopila prema gore, a onda u sredinu nakapala tekućinu). Izvana premažite tijestom od jaja i pospite šećerom.
e) Zamrznite na 1 sat ili dok ne budete spremni za pečenje.
f) Pecite 10 minuta na 425°F, a zatim 10 minuta na 375°F (ili dok izvana ne porumene).

47.Čokoladni pekan galette

SASTOJCI:
- 1 kora za pitu domaća ili kupovna
- 2 žlice maslaca
- ⅓ šalice tamno smeđeg šećera
- ½ žličice jabučnog octa
- ¼ šalice javorovog sirupa
- 1 veliko jaje
- 3 žlice nizozemskog procesa kakaa
- 1 šalica pekan oraha
- ½ šalice komadića čokolade
- Prstohvat morske soli

UPUTE:
PREPEČITE PECANS:
a) Zagrijte pećnicu na 350 F i raširite orahe pekane na lim za pečenje. Ako su sirovi, tostirajte ih 10 minuta. Ako su već pečeni, tostirajte ih za pet.
b) Pazite da se ohlade prije nego uđu u nadjev.

NAPRAVITE NADJEV:
c) U loncu na srednje jakoj vatri izmiješajte šećer, sirup, otopljeni maslac i kakao dok ne postane glatko.
d) Kad se ohladi, umiješajte jaje, zatim ocat, komadiće čokolade i pekan orahe.

SASTAVITE GALETTE:
e) Zagrijte pećnicu na 400 F. Lim za kekse obložite papirom za pečenje.
f) Na lagano pobrašnjenoj radnoj površini razvaljajte tijesto dok ne dobijete krug promjera 14-15 inča (promjera). Zagrabite nadjev u sredinu i rasporedite ga, ostavljajući rub od dva inča.
g) Preklopiti koru na fil, ne brinite ako ne izgleda savršeno, ali pazite da je dobro zatvorena da fil ne iscuri. Premažite ga jajima i po vrhu pospite šećerom. Pecite ga 30 minuta.
h) Poslužite toplo, uz sladoled.

48. Glazirana breskva Galette S kremom od indijskih oraščića

SASTOJCI:
- 1 šalica nebijeljenog mekog pšeničnog brašna
- 1 šalica mekog integralnog pšeničnog brašna
- ¼ žličice morske soli
- 1 žličica nebijeljenog šećera od trske
- 2 jaja
- ½ šalice margarina

PUNJENJE
- 6 organskih breskvi
- 2 žlice javorovog sirupa
- ¼ žličice čistog ekstrakta vanilije
- sjemenke sezama (po želji)

KREMA
- ½ šalice sirovih indijskih oraščića namočenih 1-2 sata
- sok od ½ limuna
- ¼ šalice filtrirane vode
- 2 žlice javorovog sirupa
- prstohvat morske soli

UPUTE:

a) U srednjoj zdjeli za miješanje pomiješajte brašno, sol, šećer, jaja i margarin dok ne dobijete kuglu tijesta. Koristite (čiste) ruke ⬛ Ako je premokro, dodajte još malo brašna, ako je presuho, možete dodati malo vode.

b) Stavite tijesto u zdjelu, pokrijte ga i stavite u hladnjak na 15 minuta da se ohladi dok pripremate nadjev.

c) Ogulite i narežite sve breskve, stavite ih u zdjelu i pokapajte javorov sirup i vaniliju. Dobro promiješajte da sve bude pokriveno.

d) Izvadite tijesto na čistu radnu površinu ili bilo koju drugu čistu veću podlogu koju ste pobrašnili da se ne lijepi i valjkom ili bocom utisnite tijesto dok ne bude što tanje. Ne mora biti super tanka i savršenstvo ovdje nije potrebno.

e) Nastojte da ostane relativno okruglo, stavite ga na lim za kekse s papirom za pečenje, zatim ulijte smjesu breskve u sredinu i savijte rubove tijesta okolo.

f) Koristite malo soka od breskve i javorovog sirupa za premazivanje rubova tijesta.
g) Pecite u pećnici zagrijanoj na 425 F oko 25-30 minuta, ovisno o veličini vaše pite i debljini tijesta.
h) Da biste napravili kremu od indijskih oraščića, jednostavno stavite sve sastojke u svoj snažni blender i miksajte dok ne postane potpuno glatko.
i) Poslužite pitu toplu ili hladnu, s prelivenom kremom od indijskih oraščića na vrhu.

49. Galette od rabarbare i pistacija od ruže i jagode

SASTOJCI:
KORE ZA PITU OD PISTACIJA
- 1 šalica hladnog, neslanog maslaca (2 štapića)
- 2 ½ šalice višenamjenskog brašna
- 2 žlice granuliranog šećera
- 2 žličice soli
- ¼ šalice ledeno hladne votke
- 2-4 žlice ledeno hladne vode
- ½ šalice sitno nasjeckanih pistacija (nesoljenih)

RUŽE RABARBARA
- 3 stabljike rabarbare
- 1 ½ šalice šećera
- 1 ½ šalice vode
- 3-5 kapi ekstrakta ruže

NADJEV OD JAGODA
- 1 litra svježih jagoda (narezanih)
- 1 limunova korica i sok
- ½ šalice šećera
- 1 žlica škroba tapioke

PRANJE JAJA
- 1 jaje
- 2-3 žlice gaziranog šećera (ili sirovog šećera)
- Način kuhanja Spriječite potamnjenje zaslona

UPUTE:
KORE ZA PITU OD PISTACIJA
a) U sjeckalici pomiješajte pistacije s otprilike 1 žlicom brašna dok se ne usitne . Prebacite u zdjelu i ostavite sa strane.
b) Narežite maslac na kockice od ¼"-½" i vratite u hladnjak ili zamrzivač da se stegne nekoliko minuta.
c) Stavite brašno, šećer i sol u zdjelu za miješanje s visokim stranama i pomiješajte.
d) Ako imate kuhalicu, možete je koristiti za miješanje tijesta za pite.
e) Stavite mješavinu brašna i kockice maslaca u kuhinjski procesor. Lagano miksajte dok se brašno ne promijeni iz svilenkastog u

brašnasto; ovo bi trebalo uzeti samo nekoliko mahunarki pa pažljivo promatrajte.

f) Dok pulsira, nježno ulijevajte votku kroz dovodnu cijev dok se ne sjedini. U ovom trenutku, volim okrenuti mrvičasto tijesto u veliku zdjelu za miješanje kako bih provjerio razinu hidratacije tijesta skupljajući malu šaku; ako se drži zajedno, gotova je . Ako je suho ili mrvičasto, polako dodajte preostalu vodu, žlicu po žlicu. Testirajte tijesto tako da ga povremeno uštinete.

g) Kad se tijesto počne lijepiti, umiješajte nasjeckane pistacije dok se potpuno ne sjedine.

h) Tijesto oblikujte u četiri diska za manje galete od 6" ili dva diska za veće galete od 10" i zamotajte ih pojedinačno u plastiku.

i) Ohladite najmanje 1 sat prije valjanja i oblikovanja.

RUŽE RABARBARA

j) Malim nožem za guljenje pažljivo narežite stabljike rabarbare, po dužini, na tanke, duge vrpce debljine oko ⅛".

k) Dodajte vodu i šećer u lonac sa širokim dnom i pustite da lagano kuha na srednje niskoj temperaturi. Mutiti dok se šećer potpuno ne otopi . Zatim umiješajte nekoliko kapi ekstrakta ruže.

l) Dodajte vrpce rabarbare u serijama i pirjajte na srednje niskoj vatri oko 45 sekundi dok ne počnu postajati mekane i savitljive, ali prije nego što postanu gumaste. Prebaciti u lim za pečenje obložen papirnatim ručnicima.

m) Nakon što se vrpce ohlade, možete krenuti s oblikovanjem ružica. Započnite držeći jedan kraj između palca i kažiprsta, a zatim ga čvrsto omotajte oko kažiprsta dok se ne počne formirati oblik ruže. Kad vam ostane otprilike ½" vrpce, nježno je provucite kroz sredinu kako bi ruža ostala u obliku. Stavite ruže natrag na obložen lim za pečenje. Ponovite sa svim vrpcama.

NADJEV OD JAGODA

n) Narežite jagode na ¼" -½" krugove i stavite u zdjelu za miješanje.

o) Dodajte koricu i sok jednog limuna, pospite šećerom i promiješajte. Umiješajte škrob tapioke i ostavite da odstoji 15 minuta.

FORMIRANJE GALETA

p) Razvaljajte manje diskove tijesta u krugove od 8" ili veće diskove u krugove od 12"-14" debljine oko ⅛" - ¼".
q) Nježno rasporedite jagode ravnomjerno po središtu krugova tijesta, ostavljajući rub od 2" za male galete ili 3" rub za veće galete , skroz okolo.
r) Pažljivo podignite i presavijte rub prema gore i preko nadjeva, dopuštajući tijestu da se prirodno nabora u intervalima od 2 inča dok savijate. Trebalo bi se nabrati oko 8 puta dok radite.
s) Izloženu smjesu jagoda stavite s buketom ruža od rabarbare.
t) Stavite galette na obložene limove za pečenje, dvije male galete / lim ili jedan veliki galette / lim.
u) Zagrijte pećnicu na 375° i ohladite galete 10-15 minuta dok se pećnica prethodno zagrijava.
v) U maloj zdjeli umutite jaja. Smjesu lagano premažite tijestom i pospite pjenušavim šećerom.
w) Pecite 35-40 minuta, okrećući posude do pola. Kora bi trebala biti tamno zlatnosmeđe boje, a voće mekano.
x) Ostavite da se ohladi prije posluživanja. Pospite s nekoliko cijelih pistacija kako biste dodali boju i hrskavost. Narežite na kriške za posluživanje.
y) Napravite mali šator od limene folije za svaku galetu i pokrijte voćni centar (ostavljajući rub tijesta otkriven) prvih 25 minuta. Zadnjih 10 minuta pečenja izvadite šatore.

50.Galette od jabuka i lješnjaka

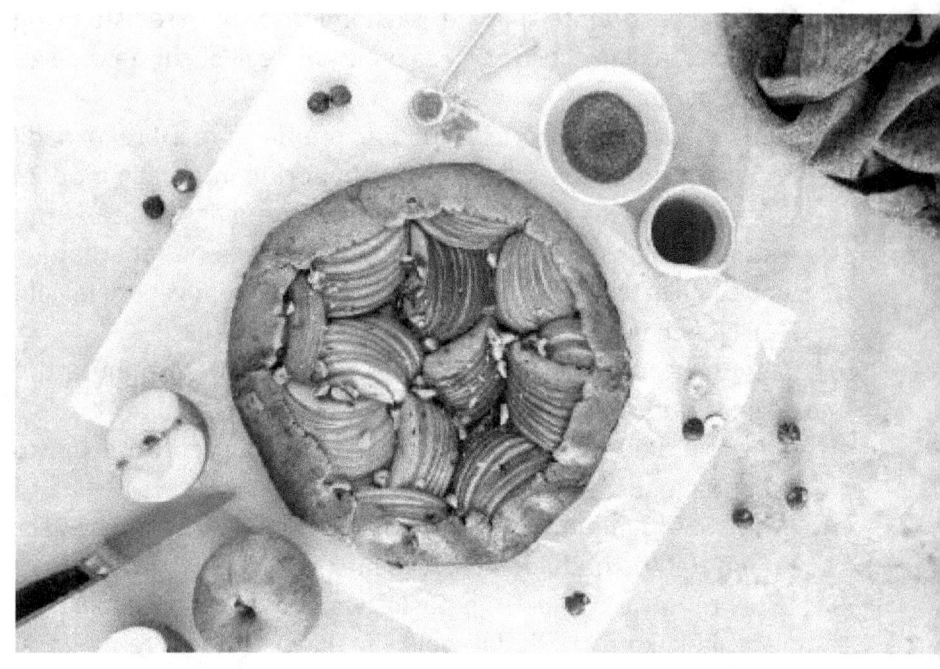

SASTOJCI:
- 50 g svijetlosmeđeg mekog šećera, plus dodatak za posipanje
- ½ limuna, bez korice i soka
- 1 žlica kukuruznog brašna
- 1 žlica javorovog sirupa
- 3 Bramley jabuke, oguljene, očišćene od sredice, prepolovljene i narezane na tanke kriške
- 20 g lješnjaka, grubo nasjeckanih
- dupla krema, za posluživanje

ZA PECIVO
- 80 g lješnjaka
- 2 žlice šećera u prahu
- 125 g speltinog brašna
- 175 g glatkog brašna, plus dodatak za posipanje
- 150 g hladnog maslaca, narezanog na kockice
- 1 jaje, tučeno

UPUTE:
a) Prvo napravite pecivo. Lješnjake i šećer miksajte u sjeckalici dok se ne usitne.
b) Dodajte speltino i glatko brašno, maslac i dobar prstohvat soli i ponovno miksajte dok se sav maslac ne sjedini i smjesa ne postane pjenasta.
c) Dok motor radi, pokapajte 1-2 žlice hladne vode dok se tijesto ne počne formirati u grudice.
d) Malo stisnite među prstima – ako vam se čini da će se sjediniti smjesu istresite na radnu površinu i kratko umijesite u kuglu. Oblikujte disk, zamotajte i ohladite 30 minuta ili preko noći.
e) Ako je tijesto bilo ohlađeno dulje od 30 minuta, ostavite ga na sobnoj temperaturi 20 minuta prije nego što ga valjate. Pomiješajte smeđi šećer, koricu limuna, kukuruzno brašno i javorov sirup u velikoj zdjeli. Dodajte jabuke i dobro promiješajte. Ostavite sa strane dok razvaljate tijesto.
f) Zagrijte pećnicu na 180C/160C s ventilatorom/plinom 4. Pobrašnite list papira za pečenje dovoljno velik da obložite veliki

pleh za pečenje, zatim razvaljajte tijesto u krug od otprilike 30 cm na vrh papira za pečenje.

g) Tijesto će popucati i malo se raspadati dok ga valjate, ali samo nastavite spajati rubove – ne brinite ako izgleda rustikalno. Pecivo stavite na papir za pečenje na lim za pečenje. Rukama naslagajte kriške jabuke u sredinu kruga tijesta, pustite da sav višak sirupa kaplje natrag u zdjelu dok to činite (sačuvajte sirup za kasnije). Obavezno ostavite jasan rub od 2 cm oko ruba.

h) Upotrijebite papir za pečenje da podignete rubove tijesta preko jabuka, ostavljajući većinu jabuka izloženima.

i) Stisnite sve pukotine oko ruba kako biste napravili rustikalni rub tijesta.

j) Rub tijesta premažite razmućenim jajetom, posipajte s još malo smeđeg šećera i pospite preko lješnjaka. Pecite 50-55 minuta dok ne porumene.

k) U međuvremenu, izlijte ostatak sirupa od jabuka u malu posudu za umake i kuhajte nekoliko minuta dok ne postane sirup. Kad je galeta kuhana i još vruća, premažite sirupom po vrhu.

l) Ostavite da se ohladi barem 30 minuta, a zatim poslužite toplo uz hladnu kremu.

BILJNE GALETTE

51. Golden Tomato i Basil Galette

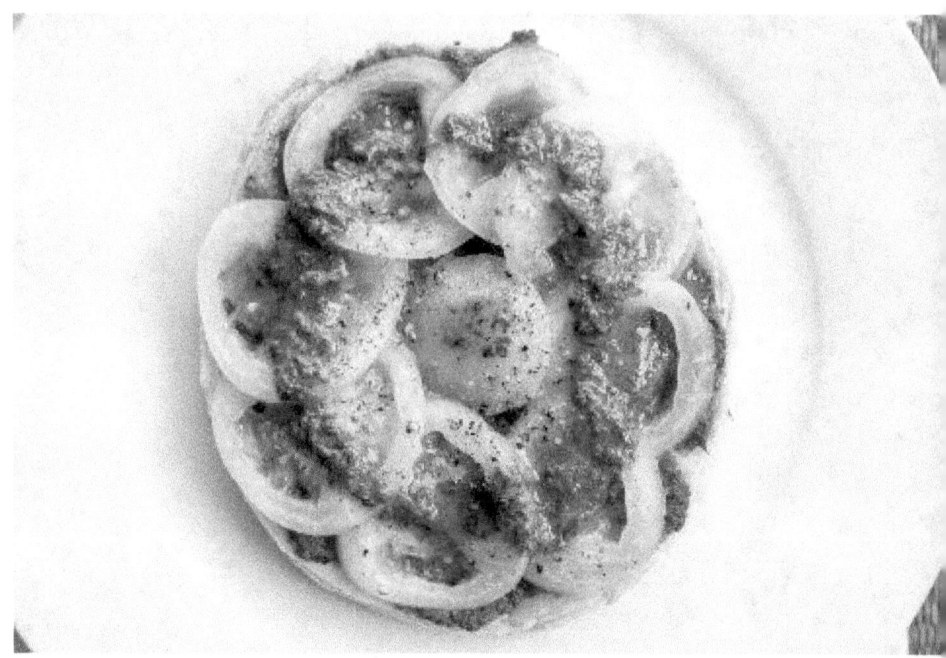

SASTOJCI:
ZA GALETTE TIJESTO:
- 1 ¼ šalice višenamjenskog brašna
- ½ žličice soli
- ½ šalice neslanog maslaca, hladnog i narezanog na male kockice
- 2 do 4 žlice ledene vode

ZA NADJEV:
- 3 šalice zlatnih cherry rajčica, prepolovljenih
- 1 šalica svježeg lišća bosiljka, nasjeckanog
- 1 šalica mozzarella sira, nasjeckanog
- 2 žlice maslinovog ulja
- 2 češnja češnjaka, mljevena
- Posolite i popaprite po ukusu

ZA MONTAŽU:
- 1 jaje, tučeno (za pranje jaja)
- Rendani parmezan (po želji, za preljev)

UPUTE:
TIJESTO ZA GALETTE:
a) U sjeckalici pomiješajte brašno i sol. Dodajte hladan maslac narezan na kockice i miksajte dok smjesa ne postane nalik na grube mrvice.
b) Postupno dodajte ledenu vodu, žlicu po žlicu, i miješajte dok se tijesto ne sjedini. Pazite da ne pretjerate s obradom.
c) Okrenite tijesto na pobrašnjenu podlogu, oblikujte ga u disk, zamotajte u plastičnu foliju i stavite u hladnjak na najmanje 30 minuta.

PUNJENJE:
d) Zagrijte pećnicu na 375°F (190°C).
e) U zdjelu pomiješajte prepolovljene zlatne cherry rajčice s nasjeckanim bosiljkom, mozzarellom, maslinovim uljem, mljevenim češnjakom, soli i paprom. Miješajte dok se dobro ne sjedini.

SKUPŠTINA:
f) Ohlađeno tijesto razvaljajte na pobrašnjenoj površini u krug promjera oko 12 cm.

g) Razvaljano tijesto prebacite u pleh obložen papirom za pečenje.
h) Žlicom stavite nadjev od rajčice i bosiljka u sredinu tijesta, ostavljajući oko 2 inča tijesta oko rubova.
i) Presavijte rubove tijesta preko nadjeva, stvarajući rustikalni oblik slobodnog oblika.
j) Premažite rubove tijesta razmućenim jajetom da dobije zlatnu boju.
k) Po želji po vrhu pospite malo naribanog parmezana.

PEČENJE:
l) Pecite u prethodno zagrijanoj pećnici 30-35 minuta ili dok korica ne porumeni, a rajčice omekšaju.
m) Izvadite iz pećnice i ostavite da se ohladi nekoliko minuta prije rezanja.
n) Poslužite toplo i uživajte u ukusnoj Zlatnoj rajčici i bosiljku Galette !

52. Galette jabuka s mirisom timijana

SASTOJCI:
ZA TIJESTO:
- 1½ šalice višenamjenskog brašna
- ¼ šalice slastičarskog šećera
- 1 žličica soli
- 1½ štapića hladnog neslanog maslaca, narezanog na komadiće (¾ šalice)
- 1 veliki žumanjak
- 2 žlice hladne vode

ZA GLAZURU:
- 4 srednje jabuke Gala ili Empire (oko 2 funte)
- ¼ šalice bijelog vina
- ⅓ šalice šećera
- ½ šalice bijelog vina
- ½ šalice želea od jabuke
- ¼ šalice slobodno upakiranih grančica svježeg timijana
- Ukras: grančice svježeg timijana i 1 žlica listova svježeg timijana

UPUTE:
ZA TIJESTO:
a) U zdjeli pomiješajte brašno, slastičarski šećer i sol.
b) Mikserom za tijesto ili vršcima prstiju miješajte maslac dok smjesa ne nalikuje grubom obroku.
c) U manjoj zdjelici pomiješajte žumanjak i hladnu vodu.
d) Dodajte smjesu žumanjaka u smjesu brašna, jednu po žlicu, miješajući dok smjesa ne postane tijesto.
e) Na radnoj plohi nekoliko puta razmažite tijesto naprijed kako bi se razvio gluten u brašnu i olakšalo rad s tijestom.
f) Sastružite tijesto kako biste oblikovali loptu i spljoštite ga na disk debljine 1 inča.
g) Ohladite tijesto, umotano u plastičnu foliju, 30 minuta.

ZA GALETTE:
h) Jabukama prepolovite i izvadite im jezgru (ne gulite) i poprečno narežite na kriške od ¼ inča.
i) U velikoj zdjeli lagano prelijte kriške jabuke s vinom.
j) Zagrijte pećnicu na 400°F.

k) Na lagano pobrašnjenoj površini razvaljajte tijesto u krug od 15 inča i prebacite ga na veliki lim za pečenje.
l) Savijte rub oko 1 inča kako biste formirali rub.
m) Rasporedite kriške jabuke na krug tijesta u koncentrične krugove koji se preklapaju.
n) Kriške jabuke i rub tijesta premažite vinom preostalim u zdjeli i pospite šećerom.
o) Pecite galette 45 minuta ili dok jabuke ne omekšaju, a rub tijesta ne postane zlatan.
p) Ohladite galette na limu za pečenje na rešetki.

ZA GLAZURU:
q) U malom loncu kuhajte vino sa želeom i majčinom dušicom dok se tekućina ne reducira na pola, oko 15 minuta.
r) Uklonite majčinu dušicu šupljikavom žlicom i vrućom glazurom obilno premažite kriške jabuke.
s) Galette ukrasite grančicama i listićima timijana.
t) Galette jabukama s mirisom timijana !

53. Galette od tikvica , estragona i majčine dušice

SASTOJCI:
ZA PECIVO:
- 350 g glatkog brašna, plus dodatak za posipanje
- ½ žličice šećera u prahu
- 250g hladnog maslaca narezanog na kockice

ZA NADJEV:
- 4 velike glavice crvenog luka narezane na kolutiće debljine 2-3 mm
- 1 žlica maslinovog ulja
- 1 žličica listova timijana, plus još za posipanje
- 10 g estragona, ubranih i grubo nasjeckanih listova
- 3 srednje velike tikvice , narezane na kolutove debljine 3 mm
- 1 jaje, tučeno

UPUTE:
a) Za izradu peciva prosijte brašno u zdjelu i umiješajte prstohvat soli i šećera. Utrljajte maslac u brašno vršcima prstiju dok smjesa ne nalikuje grubim krušnim mrvicama.
b) Nožem za jelo umiješajte tek toliko hladne vode da se tijesto sjedini u tijesto (možete koristiti do 5-6 žlica). Tijesto oblikujte u kuglu i spljoštite u disk. Zamotajte i ohladite u hladnjaku 30 min .
c) Za nadjev, kuhajte luk s uljem i listićima majčine dušice u tavi na srednje jakoj vatri 20 minuta dok luk ne omekša i postane proziran, ali ne i obojen. Začinite, maknite s vatre i ostavite da se ohladi.
d) Zagrijte pećnicu na 200C/180C ventilator/plin 6. Ohlađeno tijesto razvaljajte na lagano pobrašnjenoj površini u veliki pravokutnik, debljine oko 3 mm.
e) Pravokutnik od tijesta premjestite u veliki pleh, u sredinu žlicom stavite nadjev od luka i ravnomjerno rasporedite ostavljajući rub oko 5 cm oko rubova.
f) Pospite preko estragona, a zatim rasporedite ploške tikvica preko luka u redovima koji se preklapaju. Začinite tikvice i pospite s malo timijana.
g) Presavijte stranice tijesta tako da preklapaju rub nadjeva, ostavljajući sredinu otkrivenu. Nježno pritisnite nabore tijesta prema dolje na kutovima kako biste ih učvrstili, a zatim premažite tijesto razmućenim jajetom.
h) Pecite galette 40-50 minuta dok tijesto ne porumeni, a tikvice mekane i blago zlatne . Ostavite da se ohladi i stegne nekoliko minuta prije posluživanja.

54. Ružmarin jabuka Galette

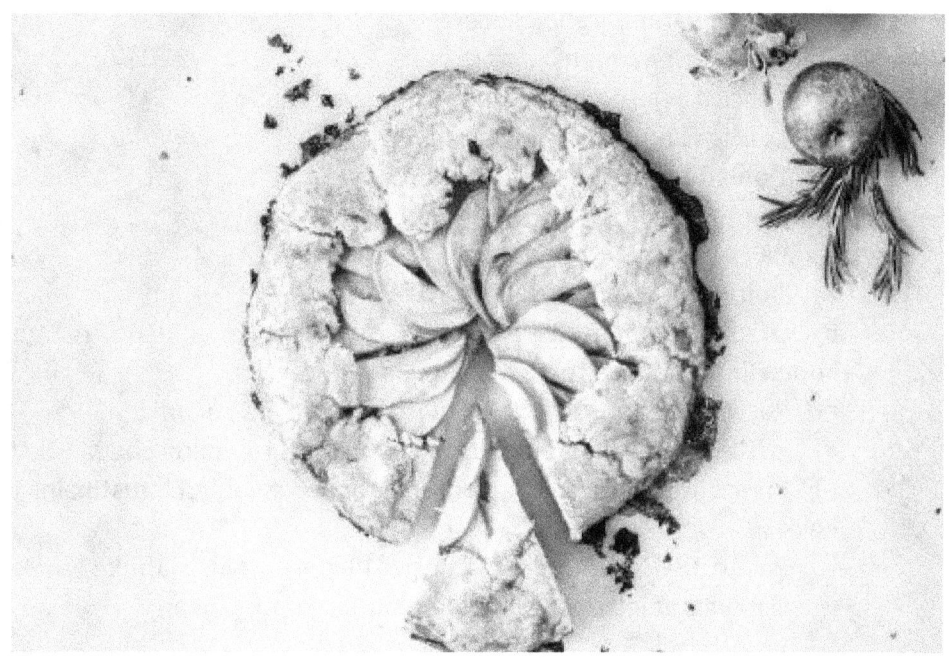

SASTOJCI:
- 4-5 jabuka srednje veličine, tanko narezanih
- ⅓ šalice granuliranog šećera
- 1 žlica višenamjenskog brašna
- 1 žličica svježeg ružmarina, sitno nasjeckanog
- 1 žličica limunove korice
- 1 ohlađena kora za pitu (ili domaća)

UPUTE:
a) Zagrijte pećnicu na 375°F (190°C).
b) U zdjeli pomiješajte narezane jabuke, šećer, brašno, ružmarin i koricu limuna. Bacajte dok se jabuke ne prekriju .
c) Razvaljajte koru za pitu i stavite je na lim za pečenje.
d) kriške jabuka u sredinu kore, ostavljajući rub oko rubova.
e) Presavijte rubove kore preko jabuka, stvarajući rustikalni oblik galeta .
f) Pecite 30-35 minuta ili dok korica ne porumeni, a jabuke omekšaju.
g) Ostavite galette da se malo ohladi prije posluživanja.

55.Kruška Kadulja Galette

SASTOJCI:
KORA:
- 1 ½ šalice višenamjenskog brašna
- 2 žlice granuliranog šećera
- 1 žličica praška za pecivo
- ⅛ žličice soli
- 3 žlice maslinovog ulja s okusom naranče
- 3 žlice ljutog maslinovog ulja
- 4 ½ žlice/67 ml hladne vode

PUNJENJE:
- 4/700 g Bosc Kruške
- 2 žlice/30 ml soka od limuna
- 3 žlice/38 g smeđeg šećera
- 2 žlice/15 g višenamjenskog brašna
- 2 lista kadulje

GLAZURA:
- 1 bjelanjak
- 1 žlica/15 ml vode
- 1 žlica/13 g granuliranog šećera

UPUTE:
NAPRAVITI KORE
a) Pomiješajte brašno, šećer, prašak za pecivo i sol. Narežite na maslinovom ulju s dva noža (koristite križni kut) ili mikserom.
b) Kad je maslinovo ulje u grudicama veličine graška, dodajte vodu i na sličan način rezajte dok tijesto ne postane dlakava masa. Ako se tijesto ne sjedini, možete dodati još ½ žlice vode odjednom.
c) Rukama oblikujte tijesto u jednu čvrstu masu. Pokrijte plastičnom folijom i stavite u hladnjak na najmanje 1 sat.

PRIPREMITI NADJEV
d) Narežite kruške na komade debljine ⅛" uzdužno (ostavite koru).
e) Samljeti 2 lista kadulje.
f) Pomiješajte kruške s mljevenom kaduljom, limunovim sokom, smeđim šećerom i brašnom.
g) Staviti na stranu.
h) Zagrijte pećnicu na 350F.

i) Razvaljajte tijesto između dva lista lagano pobrašnjenog pergamenta u krug debljine 14-16" ¼". Koristite tanjur za crtanje savršenog kruga ili ostavite rubove za rustikalni izgled.
j) Uklonite gornji sloj pergamenta. Stavite razvaljano tijesto na lim za pečenje – ostavite donji sloj pergamenta kakav jest. U redu je ako su rubovi tijesta preko strane lima na ovom mjestu.
k) Nabacite ili pažljivo rasporedite smjesu krušaka u sredinu 10" ili 11" tijesta. Spljoštite na otprilike istu debljinu u cijelosti. Koristeći pergament za podizanje, presavijte rubove tijesta preko krušaka kako biste formirali 6 strana (nakon toga povucite pergament natrag ravno).
l) Pritisnite područja preklapanja kako biste ih spojili.
m) Preskočite ovaj korak ako radite veganski. Umutiti bjelanjak sa vodom. Lagano premažite sve izloženo tijesto. Po vrhu pospite fini sloj šećera u prahu.
n) Pecite 40-50 minuta, dok tijesto ne dobije zlatno-smeđu boju i dok nadjev ne zabubi. Ostavite da se ohladi najmanje 20 minuta prije posluživanja.
o) Izvrsno s malo crème fraiche ili šlaga.

56. Galette od graška, ricotte i kopra

SASTOJCI:
ZA PECIVO PARMEZAN:
- 1 ¼ šalice višenamjenskog brašna
- ½ šalice neslanog maslaca, hladnog i narezanog na male kockice
- ¼ šalice ribanog parmezana
- ¼ žličice soli
- 2 do 4 žlice ledene vode

ZA NADJEV:
- 2 šalice svježeg ili smrznutog graška, odmrznutog
- 1 šalica ricotta sira
- ¼ šalice ribanog parmezana
- 2 žlice svježeg kopra, nasjeckanog
- Korica jednog limuna
- Posolite i popaprite po ukusu

ZA MONTAŽU:
- 1 jaje, tučeno (za pranje jaja)
- Dodatni parmezan za posipanje (po želji)

UPUTE:
PECIVO S PARMEZANOM:
a) U sjeckalici pomiješajte brašno, naribani parmezan i sol. Dodajte hladan maslac narezan na kockice i miksajte dok smjesa ne postane nalik na grube mrvice.
b) Postupno dodajte ledenu vodu, žlicu po žlicu, i miješajte dok se tijesto ne sjedini. Pazite da ne pretjerate s obradom.
c) Okrenite tijesto na pobrašnjenu podlogu, oblikujte ga u disk, zamotajte u plastičnu foliju i stavite u hladnjak na najmanje 30 minuta.

PUNJENJE:
d) Zagrijte pećnicu na 375°F (190°C).
e) U zdjeli pomiješajte grašak, ricotta sir, naribani parmezan, nasjeckani kopar, koricu limuna, sol i papar.

SKUPŠTINA:
f) Ohlađeno tijesto od parmezana razvaljajte na pobrašnjenoj površini u krug promjera oko 12 cm.
g) Razvaljano tijesto prebacite u pleh obložen papirom za pečenje.

h) Žlicom stavite nadjev od graška i ricotte u sredinu tijesta, ostavljajući oko 2 inča tijesta oko rubova.
i) Presavijte rubove tijesta preko nadjeva, stvarajući rustikalni oblik slobodnog oblika.
j) Premažite rubove tijesta razmućenim jajetom da dobije zlatnu boju. Po želji po vrhu pospite još malo parmezana.

PEČENJE:
k) Pecite u zagrijanoj pećnici 30-35 minuta ili dok korica ne porumeni, a fil se stegne.
l) Izvadite iz pećnice i ostavite da se ohladi nekoliko minuta prije rezanja.
m) Poslužite toplo i uživajte u Galette od graška, ricotte i kopra s tijestom od parmezana!

57. Galette od šparoga i vlasca

SASTOJCI:
ZA KORE:
- 1 ½ šalice (180 g) nebijeljenog višenamjenskog brašna King Arthur
- ½ žličice kuhinjske soli
- 2 unce (57 g) krem sira, hladnog
- 4 žlice (57 g) neslanog maslaca, hladnog
- 4 do 6 žlica (57 g do 85 g) vode, hladne

ZA NADJEV:
- 1 srednja vezica šparoga
- 2 do 3 žlice (25 g do 35 g) maslinovog ulja
- ¾ šalice (170 g) ricotta sira
- 1 veliko jaje
- ½ šalice (57 g) ribanog parmezana, podijeljeno
- ¼ šalice (11 g) nasjeckanog svježeg vlasca
- 1 žličica limunove korice (rendana korica)

ZA PRANJE JAJA:
- 1 veće jaje, razmućeno s 1 žlicom vode

UPUTE:
NAPRAVITE KORE:
a) Umiješajte brašno i sol.
b) Umiješajte hladan krem sir i maslac dok smjesa ne postane mrvičasta.
c) Pokapajte u 4 žlice hladne vode, miješajući da se ravnomjerno navlaži. Po potrebi dodajte preostalu vodu da dobijete glatko tijesto.
d) Utabajte tijesto u disk debljine ¾", zamotajte ga i ostavite u hladnjaku 30 minuta.

NAPRAVITE NADJEV:
e) Zagrijte pećnicu na 425°F.
f) Odvojite drvenaste stabljike s dna stabljika šparoga i bacite koplje u maslinovo ulje da se premazuju.
g) Rasporedite šparoge u jednom sloju na lim obložen papirom za pečenje i pecite 10 do 15 minuta dok lagano ne porumene. Izvadite i ohladite na sobnu temperaturu. Narežite šparoge na komade od 1 ½".

h) U srednjoj zdjeli pomiješajte ricottu, jaje, polovicu parmezana, vlasac i koricu limuna.

SASTAVITE GALETTE:
i) Na lagano pobrašnjenoj površini razvaljajte ohlađeno tijesto u krug od 14 inča i prebacite ga na lim za pečenje obložen papirom za pečenje.
j) Ravnomjerno rasporedite smjesu ricotte po tijestu, ostavljajući 2" široku traku nepokrivenu oko vanjskog ruba.
k) Preko nadjeva posložiti komade pečenih šparoga.
l) Savijte gole rubove tijesta prema sredini, naborajte po potrebi.
m) Izloženo tijesto premažite tijestom od jaja i pospite ostatak parmezana po cijeloj galetti .

PEĆI:
n) Pecite u prethodno zagrijanoj pećnici na 425°F 25 do 30 minuta, dok korica ne porumeni, a nadjev postane mjehurić.
o) Izvadite iz pećnice i ostavite da se ohladi 10 minuta prije posluživanja toplo ili ohladite i poslužite na sobnoj temperaturi.
p) Galette čuvajte pokrivene i u hladnjaku do 1 tjedna.

58. Galette od rajčice, sira i origana

SASTOJCI:
- 1 x 320 g gotovog lisnatog tijesta
- 3 žlice relisha ili ajvara od rajčice
- 5 do 6 rajčica (narezanih na tanke ploške)
- 1 žlica kapara
- 1 žlica svježe nasjeckanog origana + dodatno za ukrašavanje
- 50 g sitno ribanog cheddar sira
- Posolite i popaprite po ukusu
- Mlijeko, za glazuru

UPUTE:
a) Prethodno zagrijte pećnicu na 200C/400F/plin 6. Obložite i/ili namastite veliki pleh za pizzu ili tepsiju.
b) Gotovo razvaljano tijesto izrežite na veliki krug da stane na pleh, ako je kvadratni ili pravokutni. Položite ga na papir za pečenje. Relish ili chutney rasporedite po tijestu, gotovo do ruba kruga tijesta.
c) Po vrhu posložite narezane rajčice, zatim po vrhu pospite kapare, nasjeckani origano i naribani sir. Začinite po ukusu solju i crnim paprom.
d) Podignite rubove kruga tijesta i napravite koru oko nadjeva, pogledajte fotografije, tako da tart ili galette bude kao tart s otvorenim licem. Premažite mlijekom preko tijesta da se glazira.
e) Pecite 25 do 30 minuta ili dok se tijesto ne skuha i ne napuhne, sir se otopi, a rajčice kuhane i gotovo karamelizirane.
f) Poslužite odmah narezano na kriške, posuto svježim origanom po vrhu, uz miješanu salatu i/ili sezonsko povrće.

59.galette od mrkve i krem sira

SASTOJCI:
TIJESTO:
- 2 šalice bademovog brašna
- ⅔ šalice tapiokinog brašna/škroba
- ½ žličice soli
- 2 žlice svježeg ružmarina - nasjeckanog
- 8 žlica hladnog maslaca
- 1 jaje

GALETTE:
- 4-6 srednjih mrkvi
- ½ žličice soli
- 1 žlica maslinovog ulja
- 1 žlica sezamovog ulja
- 8 unci omekšalog krem sira
- 4 mladog luka - nasjeckanog
- pranje jaja - 1 jaje + prskanje vode
- ¼ šalice prženih sjemenki sezama
- ½ žličice sitne soli

UPUTE:
a) Pomiješajte bademovo brašno, škrob tapioke, sol i nasjeckani ružmarin u velikoj zdjeli za miješanje.
b) Umutiti da se ravnomjerno sjedini . Hladan maslac naribajte ili narežite na sitne komadiće.
c) Dodajte mješavinu bademovog brašna i počnite umiješati maslac u brašno. Nakon što tekstura podsjeća na mokri pijesak, dodajte jaje i mijesite dok ne dobijete glatku kuglu tijesta.
d) Zamotajte tijesto u plastičnu foliju i stavite ga u zamrzivač na 30 minuta ili u hladnjak do upotrebe.
e) Dok se tijesto hladi, gulilicom za povrće narežite mrkvu na dugačke trakice. Narezanu mrkvu stavite u zdjelu sa soli, maslinovim uljem i sezamovim uljem. Promiješajte da se ravnomjerno prekrije i ostavite sa strane.
f) Omekšali krem sir pomiješajte s nasjeckanim mladim lukom i ostavite sa strane.

g) Zagrijte pećnicu na 425 stupnjeva. Pleh obložiti papirom za pečenje.
h) Da biste sastavili galette , stavite tijesto na lim za pečenje obložen papirom za pečenje.
i) Razvaljajte tijesto u krug od otprilike 11 inča. Namažite krem sir od mladog luka na tijesto, ostavljajući čisti rub od 1" oko ruba.
j) Prelijte krem sir mrkvom, pazeći da otresete svu višak vlage koja je možda izašla iz mrkve. Pomoću pergamenta presavijte rubove galette tijesta preko nadjeva.
k) Premažite koru vodom od jaja i pospite sjemenkama sezama. Pecite na središnjoj rešetki pećnice 30-35 minuta. Ako vrhovi mrkve počnu gorjeti, stavite komad folije u galetu na posljednje minute.
l) Izvadite galette iz pećnice i ostavite da se ohlade 10-15 minuta. Završite s malo soli i poslužite toplo!

60. Blackberry Mint Galette

SASTOJCI:
ZA KORE:
- 1 šalica višenamjenskog brašna
- 2 žlice kukuruznog brašna
- 4 žlice maslaca ili veganskog maslaca
- 5-6 žlica ledene vode
- 1 žlica kokosovog šećera + još za preljev kore
- ¼ žličice soli

ZA NADJEV:
- 2 šalice svježih kupina
- 2 žlice svježe metvice, sitno nasjeckane
- 2 žlice kokosovog šećera
- ½ limuna, iscijeđen
- 1 žlica kukuruznog škroba

UPUTE:
PRIPREMITE KORE:
a) U velikoj zdjeli pomiješajte brašno, kukuruznu krupicu, kokosov šećer i sol.
b) Dodajte 4 žlice vrlo hladnog maslaca i izrežite u smjesu brašna koristeći vilicu ili nož dok ne postane mrvica.
c) Dodajte ledenu vodu 2 žlice odjednom, miješajte dok se tijesto ne počne lijepiti.
d) Tijesto oblikujte u krug ili spljošteni krug, zamotajte ga u papir za pečenje i stavite u hladnjak na 45 minuta do 1 sat.
e) Zagrijte pećnicu na 325°F.
f) Dok se tijesto hladi, u zdjeli pomiješajte kupine s mentom, limunovim sokom, kokosovim šećerom i kukuruznim škrobom. Ostavite da odstoji 30 minuta.

RAZVATI TIJESTO:
g) Kada se tijesto ohladi, razvaljajte ga na papiru za pečenje, oblikujući ga u krug debljine oko ¼ inča.
h) Izbušite rupe u tijestu i žlicom stavite smjesu od kupina na sredinu.
i) Savijte rubove kako biste obuhvatili kupine, oblikujući ih rukama.
j) Rub kore premažite otopljenim maslacem (ili veganskim maslacem) i pospite šećerom kokosove palme.

PEĆI:
k) Prebacite galette i papir za pečenje u lim za pečenje i pecite 45 minuta ili dok ne porumene.
l) Kada je gotov, ostavite galette da se ohladi najmanje 10 minuta.

61.Limunski timijan i borovnica Galette

SASTOJCI:
- 1 list lisnatog tijesta iz trgovine, odmrznut
- 2 šalice svježih borovnica
- Korica od 1 limuna
- 2 žlice soka od limuna
- 1/4 šalice granuliranog šećera
- 1 žlica kukuruznog škroba
- 1 žlica svježeg lišća majčine dušice
- 1 jaje, tučeno (za pranje jaja)
- Šećer u prahu, za posipanje (po želji)

UPUTE:
a) Zagrijte pećnicu na 375°F (190°C) i obložite lim za pečenje papirom za pečenje.
b) U zdjeli pomiješajte svježe borovnice, limunovu koricu, limunov sok, granulirani šećer, kukuruzni škrob i listove svježeg timijana. Lagano miješajte dok borovnice ne budu ravnomjerno obložene .
c) Odmrznuti list lisnatog tijesta razvaljajte na lagano pobrašnjenoj površini u grubi krug promjera oko 12 inča.
d) Razvaljano lisnato tijesto prebacite u pripremljeni lim za pečenje.
e) Žlicom stavite smjesu od borovnica na sredinu lisnatog tijesta, ostavljajući rub oko 2 inča oko rubova.
f) Presavijte rubove lisnatog tijesta preko borovnica, naborajte po potrebi da dobijete rustikalni oblik galeta .
g) Rubove tijesta premažite razmućenim jajetom kako bi poprimili zlatnu boju kad se ispeče.
h) Pecite u prethodno zagrijanoj pećnici 25-30 minuta, ili dok tijesto ne porumeni, a borovnice ne počnu bujati.
i) Izvadite iz pećnice i ostavite galette da se malo ohlade prije posluživanja.
j) Po želji pospite šećerom u prahu prije posluživanja.
k) Galetteu od majčine dušice i borovnice !

62.Galette od bosiljka i cherry rajčice

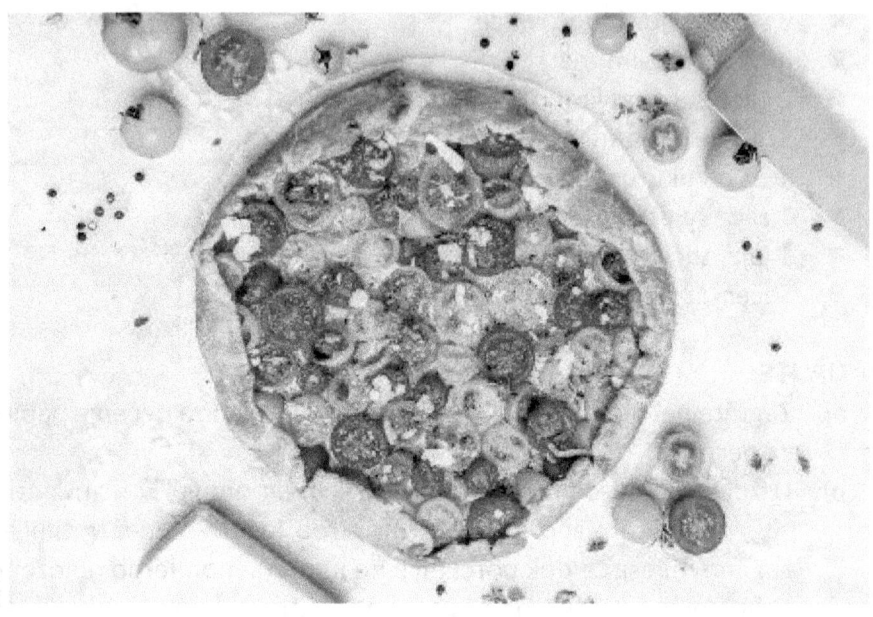

SASTOJCI:
- 1 list lisnatog tijesta iz trgovine, odmrznut
- 2 šalice cherry rajčica, prepolovljenih
- 1/4 šalice ribanog parmezana
- 2 žlice svježeg lišća bosiljka, nasjeckanog
- 1 žlica maslinovog ulja
- Posolite i popaprite po ukusu
- 1 jaje, tučeno (za pranje jaja)

UPUTE:
a) Zagrijte pećnicu na 375°F (190°C) i obložite lim za pečenje papirom za pečenje.
b) U zdjelu pomiješajte cherry rajčice s naribanim parmezanom, nasjeckanim lističima bosiljka, maslinovim uljem, soli i paprom.
c) Lisnato tijesto razvaljajte na lagano pobrašnjenoj površini u grubi krug promjera oko 12 inča.
d) Razvaljano lisnato tijesto prebacite u pripremljeni lim za pečenje.
e) Ravnomjerno rasporedite smjesu cherry rajčica po lisnatom tijestu, ostavljajući oko 2 inča ruba oko rubova.
f) Presavijte rubove lisnatog tijesta preko cherry rajčica, naborajte po potrebi da dobijete rustikalni oblik galeta .
g) Rubove tijesta premažite razmućenim jajetom kako bi poprimili zlatnu boju kad se ispeče.
h) Pecite u prethodno zagrijanoj pećnici 25-30 minuta, ili dok tijesto ne porumeni, a cherry rajčice omekšaju .
i) Izvadite iz pećnice i pustite da se malo ohladi prije posluživanja.
j) Narežite i uživajte u svojoj ukusnoj galetti od bosiljka i cherry rajčice !

63.Kukuruzna galeta s cilantro limetom

SASTOJCI:
- 1 list lisnatog tijesta iz trgovine, odmrznut
- 2 šalice svježih ili smrznutih zrna kukuruza
- Korica 1 limete
- 2 žlice soka od limete
- 1/4 šalice nasjeckanog svježeg cilantra
- 1/4 šalice izmrvljenog cotija sira (ili feta sira)
- Posolite i popaprite po ukusu
- 1 jaje, tučeno (za pranje jaja)

UPUTE:
a) Zagrijte pećnicu na 375°F (190°C) i obložite lim za pečenje papirom za pečenje.
b) U zdjeli pomiješajte zrna kukuruza, koricu limete, sok limete, nasjeckani cilantro, izmrvljeni sir cotia, sol i papar.
c) Lisnato tijesto razvaljajte na lagano pobrašnjenoj površini u grubi krug promjera oko 12 inča.
d) Razvaljano lisnato tijesto prebacite u pripremljeni lim za pečenje.
e) Smjesu kukuruza ravnomjerno rasporedite po lisnatom tijestu, ostavljajući rub oko 2 inča oko rubova.
f) Presavijte rubove lisnatog tijesta preko kukuruzne smjese, naborajte po potrebi da dobijete rustikalni oblik galeta.
g) Rubove tijesta premažite razmućenim jajetom kako bi poprimili zlatnu boju kad se ispeče.
h) Pecite u prethodno zagrijanoj pećnici 25-30 minuta ili dok tijesto ne porumeni i dok se kukuruz ne zagrije.
i) Izvadite iz pećnice i pustite da se malo ohladi prije posluživanja.
j) Narežite i uživajte u svom ukusnom Galette kukuruzu od cilantro limete!

64. Galette od kadulje i butternut tikve

SASTOJCI:
- 1 list lisnatog tijesta iz trgovine, odmrznut
- 2 šalice butternut tikve narezane na kockice
- 2 žlice maslinovog ulja
- 1 žlica nasjeckanih svježih listova kadulje
- 1/4 šalice ribanog parmezana
- Posolite i popaprite po ukusu
- 1 jaje, tučeno (za pranje jaja)

UPUTE:
a) Zagrijte pećnicu na 375°F (190°C) i obložite lim za pečenje papirom za pečenje.
b) U zdjelu pomiješajte butternut tikvicu narezanu na kockice s maslinovim uljem, nasjeckanim listićima kadulje, naribanim parmezanom, soli i paprom.
c) Ravnomjerno rasporedite smjesu butternut tikve preko lisnatog tijesta, ostavljajući rub oko 2 inča oko rubova.
d) Lisnato tijesto razvaljajte na lagano pobrašnjenoj površini u grubi krug promjera oko 12 inča.
e) Razvaljano lisnato tijesto prebacite u pripremljeni lim za pečenje.
f) Presavijte rubove lisnatog tijesta preko smjese butternut tikve, naborajte po potrebi kako biste stvorili rustikalni oblik galeta.
g) Rubove tijesta premažite razmućenim jajetom kako bi poprimili zlatnu boju kad se ispeče.
h) Pecite u prethodno zagrijanoj pećnici 25-30 minuta ili dok tijesto ne porumeni, a butternut tikva omekša.
i) Izvadite iz pećnice i pustite da se malo ohladi prije posluživanja.
j) Galette od kadulje i Butternut Squash !

65.Minted Pea i Feta Galette

SASTOJCI:
- 1 list lisnatog tijesta iz trgovine, odmrznut
- 2 šalice svježeg ili smrznutog graška
- 1/4 šalice izmrvljenog feta sira
- 2 žlice nasjeckanih listova svježe metvice
- Korica od 1 limuna
- Posolite i popaprite po ukusu
- 1 jaje, tučeno (za pranje jaja)

UPUTE:
a) Zagrijte pećnicu na 375°F (190°C) i obložite lim za pečenje papirom za pečenje.
b) U zdjeli pomiješajte grašak, izmrvljeni feta sir, nasjeckane listiće mente, koricu limuna, sol i papar.
c) Lisnato tijesto razvaljajte na lagano pobrašnjenoj površini u grubi krug promjera oko 12 inča.
d) Razvaljano lisnato tijesto prebacite u pripremljeni lim za pečenje.
e) Ravnomjerno rasporedite smjesu od graška preko lisnatog tijesta, ostavljajući rub oko 2 inča oko rubova.
f) Presavijte rubove lisnatog tijesta preko smjese od graška, naborajte po potrebi kako biste stvorili rustikalni oblik galeta .
g) Rubove tijesta premažite razmućenim jajetom kako bi poprimili zlatnu boju kad se ispeče.
h) Pecite u prethodno zagrijanoj pećnici 25-30 minuta, ili dok tijesto ne porumeni, a grašak omekša.
i) Izvadite iz pećnice i pustite da se malo ohladi prije posluživanja.
j) Narežite i uživajte u osvježavajućoj galetti od mentiranog graška i fete !

66. Galeta krumpira s limunom i ružmarinom

SASTOJCI:
- 1 list lisnatog tijesta iz trgovine, odmrznut
- 2 šalice tanko narezanog krumpira
- Korica od 1 limuna
- 2 žlice nasjeckanih listova svježeg ružmarina
- 1/4 šalice ribanog parmezana
- Posolite i popaprite po ukusu
- 1 jaje, tučeno (za pranje jaja)

UPUTE:
a) Zagrijte pećnicu na 375°F (190°C) i obložite lim za pečenje papirom za pečenje.
b) U zdjelu pomiješajte tanko narezan krumpir s limunovom koricom, nasjeckanim listićima ružmarina, ribanim parmezanom, soli i paprom.
c) Lisnato tijesto razvaljajte na lagano pobrašnjenoj površini u grubi krug promjera oko 12 inča.
d) Razvaljano lisnato tijesto prebacite u pripremljeni lim za pečenje.
e) Ravnomjerno rasporedite smjesu krumpira po lisnatom tijestu, ostavljajući rub oko 2 inča oko rubova.
f) Presavijte rubove lisnatog tijesta preko smjese krumpira, naborajte po potrebi da dobijete rustikalni oblik galeta .
g) Rubove tijesta premažite razmućenim jajetom kako bi poprimili zlatnu boju kad se ispeče.
h) Pecite u prethodno zagrijanoj pećnici 25-30 minuta, ili dok tijesto ne porumeni, a krumpir omekša.
i) Izvadite iz pećnice i pustite da se malo ohladi prije posluživanja.
j) Narežite i uživajte u svojoj aromatičnoj galetti od krumpira s limunom i ružmarinom !

67.Karamelizirana šalotka i majčina dušica Galette

SASTOJCI:
- 1 list lisnatog tijesta iz trgovine, odmrznut
- 4 ljutike, tanko narezane
- 2 žlice maslaca
- 1 žlica maslinovog ulja
- 2 žlice svježeg lišća timijana
- Posolite i popaprite po ukusu
- 1 jaje, tučeno (za pranje jaja)

UPUTE:
a) Zagrijte pećnicu na 375°F (190°C) i obložite lim za pečenje papirom za pečenje.
b) U tavi zagrijte maslac i maslinovo ulje na srednje jakoj vatri. Dodajte tanko narezanu ljutiku i kuhajte, povremeno miješajući, dok se ne karamelizira, oko 15-20 minuta.
c) Lisnato tijesto razvaljajte na lagano pobrašnjenoj površini u grubi krug promjera oko 12 inča.
d) Razvaljano lisnato tijesto prebacite u pripremljeni lim za pečenje.
e) Ravnomjerno rasporedite karameliziranu ljutiku preko lisnatog tijesta, ostavljajući rub oko 2 inča oko rubova.
f) Listiće svježeg timijana pospite preko ljutike. Začinite solju i paprom po ukusu.
g) Presavijte rubove lisnatog tijesta preko ljutike, naborajte po potrebi da dobijete rustikalni oblik galeta.
h) Rubove tijesta premažite razmućenim jajetom kako bi poprimili zlatnu boju kad se ispeče.
i) Pecite u prethodno zagrijanoj pećnici 25-30 minuta, odnosno dok tijesto ne porumeni.
j) Izvadite iz pećnice i pustite da se malo ohladi prije posluživanja.

68.Brie i kadulja Galette s karameliziranim lukom

SASTOJCI:
- 1 list lisnatog tijesta iz trgovine, odmrznut
- 1 veliki luk, narezan na tanke ploške
- 2 žlice maslaca
- 1 žlica maslinovog ulja
- 6 unci Brie sira, narezanog na kriške
- 2 žlice nasjeckanih svježih listova kadulje
- Posolite i popaprite po ukusu
- 1 jaje, tučeno (za pranje jaja)

UPUTE:
a) Zagrijte pećnicu na 375°F (190°C) i obložite lim za pečenje papirom za pečenje.
b) U tavi zagrijte maslac i maslinovo ulje na srednje jakoj vatri. Dodajte tanko narezan luk i kuhajte uz povremeno miješanje dok se ne karamelizira, oko 15-20 minuta.
c) Lisnato tijesto razvaljajte na lagano pobrašnjenoj površini u grubi krug promjera oko 12 inča.
d) Razvaljano lisnato tijesto prebacite u pripremljeni lim za pečenje.
e) Rasporedite narezani sir Brie preko lisnatog tijesta, ostavljajući rub oko 2 inča oko rubova.
f) Ravnomjerno rasporedite karamelizirani luk preko Brie sira.
g) Po luku pospite nasjeckane listove kadulje. Začinite solju i paprom po ukusu.
h) Presavijte rubove lisnatog tijesta preko nadjeva, naborajte po potrebi kako biste stvorili rustikalni oblik galeta .
i) Rubove tijesta premažite razmućenim jajetom kako bi poprimili zlatnu boju kad se ispeče.
j) Pecite u prethodno zagrijanoj pećnici 25-30 minuta, odnosno dok tijesto ne porumeni.
k) Izvadite iz pećnice i pustite da se malo ohladi prije posluživanja.
l) Narežite i uživajte u svom ukusnom Brieju i kadulji Galette s karameliziranim lukom!

ZAČINJENE GALETTE

69. Chai začinjena jabuka Galette

SASTOJCI:
- 2 šalice + 1 žlica glatkog brašna
- 2 žlice kokosovog šećera
- ½ žličice soli
- ⅔ šalice + 2 žlice maslaca
- ½ šalice ledeno hladne vode
- ½ šalice obroka od badema

NADJEV OD JABUKA
- 3 jabuke Gala
- ¼ šalice kokosovog šećera
- 1 žličica mljevenog cimeta
- 1 žličica mljevenog đumbira
- ½ žličice mljevenog muškatnog oraščića
- ½ žličice mljevenog kardamoma
- 2 žlice škroba arrowroota
- 2 žličice narančine korice
- 2 žlice soka od naranče

UPUTE:
NAPRAVITI TIJESTO
a) Dodajte brašno, šećer i sol u kuhinjski procesor i promiješajte.
b) Dodajte maslac, miksajte dok se ne stvore male mrvice, a zatim, dok kuhalo za hranu radi, ulijte vodu i miješajte dok se ne formira velika kugla.
c) Izvadite tijesto i brzo ga oblikujte u mali disk.
d) Čvrsto zamotajte u plastičnu foliju i stavite u hladnjak na 1+ sat.

PRIPREMITI NADJEV
e) U međuvremenu pomiješajte sve sastojke za nadjev, osim brašna od badema, u zdjelu i ostavite sa strane.

STVARAJTE GALETTE
f) Nakon 1 sata izvadite tijesto iz hladnjaka.
g) Stavite tijesto između 2 lista papira za pečenje i pažljivo razvaljajte u pravokutnik.
h) Uklonite gornji list papira za pečenje, a tijesto (još uvijek na donjem papiru za pečenje) stavite na lim za pečenje.

i) Rasporedite brašno od badema preko tijesta, ostavljajući rub od 5 cm (ovo će se razvaljati u koru), a zatim na vrh stavite smjesu od jabuka.
j) Sada, presavijte strane galette .
k) Nakon što ste presavili prvi rub, okrenite galette , napravite još jedno presavijanje i nastavite dok se ne vratite tamo gdje ste započeli.
l) Premažite gornju koru dodatno rastopljenim maslacem i maslinovim uljem ili ih namažite mlijekom i pospite listićima badema ili sirovim šećerom.
m) Sada stavite galette (na limu za pečenje) natrag u hladnjak na minimalno 30 minuta, a zatim zagrijte pećnicu.

PEĆI

n) Zagrijte pećnicu na 200C (390F) zatim dodajte galette u pećnicu i pecite 10 minuta.
o) Smanjite na 175 C (350 F), zatim pecite još 30-35 minuta .
p) Poslužite odmah uz sladoled ili ostavite da se ohladi i narežite na kriške.

70. Five Spice Peach Galette

SASTOJCI:
- 180 g (6,3 unce) običnog (višenamjenskog) brašna, plus dodatak za posipanje
- 160 g (5,6 unci) neslanog maslaca, ohlađenog
- 2 žličice sirovog granuliranog šećera
- ½ žličice morske soli
- 1 žličica mljevenog đumbira
- 1 žlica jabučnog octa
- 2 žlice vode, ohlađene

FIVE SPICE OD BRESKVE
- 4 breskve, bez koštica, tanko narezane
- 2 žlice bijelog šećera
- ½ limuna, iscijeđen
- 1 žličica pet kineskih začina
- 2 žlice pekmeza od kajsije
- 1 žličica kukuruznog brašna (kukuruzni škrob)

UPUTE:
a) Da biste napravili koru za pitu , stavite brašno, maslac, šećer i sol u procesor hrane. Miješajte dok ne postane tekstura poput krušnih mrvica. Zatim dodajte mljeveni đumbir, jabučni ocat i vodu i nastavite miješati dok se tijesto ne formira .
b) Prebacite tijesto na lagano pobrašnjenu površinu i mijesite 2 minute dok ne bude glatko. Rukama utisnite u disk od 10 cm, zamotajte ga u prozirnu foliju i ostavite u hladnjaku 1 sat.
c) Kad je tijesto gotovo, zagrijte pećnicu na 200°C (390°F). Pomiješajte kriške breskve, šećer i limunov sok u velikoj zdjeli za miješanje. Dodajte pet začina i pekmez od marelica, zatim miješajte dok se ne sjedini. Ostavite sa strane.
d) Izvadite tijesto iz hladnjaka. Pospite malu količinu brašna na veliki lim papira za pečenje, a zatim stavite tijesto na vrh.
e) Premjestite u ravni lim. Razvaljajte tijesto u grubi krug promjera približno 40 cm (15,5") i debljine oko 1 cm (⅜").
f) Pospite kukuruzno brašno po tijestu – to će vam pomoći da izvučete višak soka kako biste izbjegli vlažnu donju galetu .
g) Počevši od sredine, rasporedite kriške breskve u obliku kotača, ostavljajući oko 7 cm (2¾") ruba oko rubova.
h) Presavijte rubove tijesta kako biste stvorili galette , izlažući oko 15 cm (6") voćne smjese u sredini.
i) Pleh prebaciti u pećnicu. Pecite 40 minuta ili dok tijesto ne postane zlatno i hrskavo. Poslužite sa sladoledom.

71.Rajčica & Jalapeno Galette

SASTOJCI:
TIJESTO:
- 1 šalica brašna
- ¼ žličice soli
- ½ šalice ohlađenog maslaca, narezanog na kockice
- 4 unce krem sira, na kockice
- 2-3 žlice ledene vode

PUNJENJE:
- 4 unce krem sira, omekšalog.
- 2 češnja češnjaka, sitno nasjeckana
- 1 žlica nasjeckanog cilantra
- 1 pečena jalapeno papričica, narezana na mjehuriće, zatim sitno nasjeckana
- prstohvat soli
- ½ šalice nasjeckanog cheddara i mješavine Monterey Jacka
- narezana rajčica

UPUTE:
TIJESTO:
a) Prosijte zajedno brašno i sol, zatim pomoću miješalice za tijesto umiješajte krem sir i maslac.
b) Dodajte toliko vode da se sve sjedini.
c) Poravnati i staviti u hladnjak na nekoliko sati umotano u plastičnu foliju.
d) U međuvremenu pripremite nadjev:

PUNJENJE:
e) Kada budete spremni za upotrebu, razvaljajte u grubi krug, stavite na lim za pizzu i zagrijte pećnicu na 350 stupnjeva.
f) Pomiješajte krem sir, češnjak, cilantro, nasjeckani jalapeno i sol. Rasporedite po dnu kore, na par centimetara od ruba.
g) Pospite s ½ šalice naribanog sira i stavite slojeve rajčica preko vrha.
h) Pospite sa još malo sira. Preklopite preko rubova tijesta.
i) Pecite 30-35 minuta, dok ne porumene i ne postanu mjehurići. Narežite na kriške i poslužite.

72. Galette od zimskog voća i medenjaka

SASTOJCI:
TIJESTO ZA PECIVO:
- 2 ¼ šalice brašna
- 2 žličice šećera
- ¾ žličice soli
- ½ šalice finog kukuruznog brašna
- ½ žličice miješanih začina
- 1 žličica mljevenog đumbira
- ½ žličice mljevenog cimeta
- 14 žlica maslaca, hladnog
- 3,4 tekuće unce vode, hladne
- 6 žlica kiselog vrhnja

KARAMELIZIRANA ZIMNICA:
- ⅓ šalice šećera
- 3,4 tekuće unce vode
- 1 mahuna (mahuna) vanilije prerezana po dužini, ostrugana sjemenka
- 2 štapića cimeta
- 2 klinčića
- 4 mahune kardamoma
- 1 veliki češanj češnjaka
- Anis s 4 zvjezdice
- ⅔ šalice kumkvata
- 1 dragun
- 3 bramley jabuke
- ⅔ šalice suhih marelica
- ⅔ šalice suhih šljiva
- ⅓ šalice sušenih brusnica

MEDENJAK:
- ½ šalice maslaca
- ½ šalice mekog tamno smeđeg šećera
- Korica 1 naranče
- 2 velika jaja
- ¼ šalice brašna
- 1 žličica mljevenog đumbira
- ¼ žličice mljevene mješavine začina

- ¼ žličice mljevenog cimeta
- 1 šalica mljevenih badema

UKRASITI:
- 3 veća bjelanjka
- ½ šalice šećera

UPUTE:
TIJESTO ZA PECIVO:
a) U zdjelu prosijte brašno, šećer, sol, kukuruznu krupicu, miješane začine, mljeveni đumbir i cimet. Maslac narežite na male kockice i utrljajte u smjesu od brašna dok tekstura ne podsjeća na fine krušne mrvice.
b) Dodajte hladnu vodu i kiselo vrhnje i sjedinite u grubo tijesto. Zamotajte u prozirnu foliju i ohladite dok se ne stegne, oko 30 minuta.

KARAMELIZIRANA ZIMNICA:
c) U teškoj posudi za umake pomiješajte sve sastojke za sirup. Pustite da zavrije, a zatim smanjite vatru i ostavite da lagano kuha. U međuvremenu prepolovite kumkvate, narežite kaki na ploške, ogulite jabuke, a jabuke pariškom kuhačom narežite na okruglice.
d) U zasebnoj posudi s kipućom vodom blanširajte kumkvate dok kore malo ne omekšaju, oko 3 minute, ocijedite i sačuvajte.
e) U zavrijeli sirup dodajte suhe marelice, kuhajte pet minuta, zatim dodajte suhe šljive i kumkvat, kuhajte još dvije minute pa dodajte okruglice od jabuka i sušene brusnice. Nastavite kuhati dok voće ne omekša, otprilike tri do pet minuta.
f) Maknite posudu s vatre i ostavite da se ohladi. Ocijedite voće i sačuvajte. Bacite cijele začine. Vratiti sirup na vatru i smanjivati dok se ne postigne gustoća sirupa.

MEDENJAK:
g) Kremasto izradite maslac, smeđi šećer i narančinu koricu. Postupno dodajte jaja dobro miješajući između svakog dodavanja.
h) Brašno prosijte, dodajte đumbir, miješane začine, cimet i mljevene bademe, pa umiješajte u smjesu s maslacem. Hladiti dok ne bude potrebno.

MONTAŽA GALETTE:
i) Zagrijte pećnicu na 190°C. Na pobrašnjenoj radnoj površini ohlađeno tijesto razvaljajte na debljinu od 3 cm.
j) Izrežite na krug od 30 cm. Obložite lim za pečenje papirom za pečenje, na njega stavite metalni obruč od 25 cm i rasporedite tijesto po sredini u obruč. Premažite bjelanjcima unutarnje rubove tijesta.
k) Prebacite smjesu za medenjake u tijesto i na vrh stavite poširano voće, a mali dio ostavite za ukrašavanje. Stisnite rubove tijesta pazeći da sredina ostane otkrivena.
l) Premažite bjelanjkom, pospite šećerom i pecite dok ne porumene, oko 25 minuta. Otprilike 5 minuta prije nego što je tart potpuno kuhan premažite preostalim sirupom i rasporedite sačuvano voće po vrhu tarta.

SERVIRATI:
m) Izvadite iz pećnice i ostavite stajati 5 minuta da se malo ohladi, prođite nožem oko ruba metalnog prstena da olabavite i zatim ga uklonite.

73. Galette marelica i badem začinjena kardamomom

SASTOJCI:

ZA KORE:
- 1 ¼ šalice brašna
- ½ žlice šećera
- ½ žličice fine soli
- 1 štapić neslanog maslaca, vrlo hladnog

ZA NADJEV:
- 7 marelica, prepolovljenih, bez koštica i tanko narezanih (ne treba guliti)
- ½ šalice tamno smeđeg šećera
- ⅛ žličice košer soli
- ¼ žličice ekstrakta vanilije
- ¼ žličice ekstrakta badema
- 2 žličice soka od limuna
- 4 žlice kukuruznog škroba
- ¼ žličice mljevenog kardamoma

ZA ZAVRŠNE KORE:
- tuš za pranje jaja (1 umućeno jaje i 1 žlica vode)
- turbinado šećer
- 3 žlice narezanih badema

UPUTE:

ZA KORE:
a) Napunite šalicu s ½ šalice vode i ubacite nekoliko kockica leda; ostaviti ga sa strane. U velikoj zdjeli pomiješajte brašno, šećer i sol. Vrlo hladan neslan maslac narežite na komade od ½ inča.
b) Pospite kockice maslaca po brašnu i počnite ih miješati mješalicom za tijesto ili vilicom pomoću nje zahvatati i redistribuirati smjesu po potrebi tako da svi dijelovi budu ravnomjerno obrađeni dok svi komadići maslaca ne budu veličine sitnog graška.
c) Započnite prelivanjem ¼ šalice ledeno hladne vode (ali ne kockice) preko mješavine maslaca i brašna. Pomoću gumene lopatice skupite tijesto. Vjerojatno će vam trebati dodatna ¼ šalice hladne vode da se sjedini, ali dodajte žlicu po žlicu.
d) Nakon što lopaticom povučete velike grudice, počnite rukama spajati tijesto. Skupite grudice zajedno u jedan brežuljak, lagano ih

gnječeći zajedno. Oblikujte ga u disk i zamotajte u plastičnu foliju. Stavite u hladnjak na najmanje sat vremena.

ZA NADJEV:

e) Dok se tijesto hladi pripremite nadjev. Dodajte sve sastojke za punjenje u zdjelu srednje veličine i lagano miješajte dok se sve ne sjedini i dok voće ne bude ravnomjerno obloženo začinima. Kušajte i prema potrebi prilagodite okuse. Ostavite sa strane i pustite da se macerira dok se tijesto ne ohladi.

f) Zagrijte pećnicu na 400 stupnjeva s rešetkom u sredini. Lim za pečenje obložite papirom za pečenje ili silikonskom podlogom za pečenje i ostavite sa strane.

g) Nakon što se tijesto dobro ohladi, izvadite ga iz hladnjaka. Na lagano pobrašnjenoj površini razvaljajte tijesto u krug promjera oko 14 inča debljine oko ⅛ inča. Lagano preklopite tijesto na četvrtine i obrišite višak brašna. Prebacite tijesto na sredinu pripremljenog lima za pečenje i otklopite. U redu je ako visi s rubova lima za pečenje.

h) Smjesu marelica rasporedite u sredinu tijesta, ostavljajući 2-3 inča tijesta golih po rubovima. Ako se u zdjeli nakupilo sokova, prelijte ih preko sredine voća.

i) Uzmite komad rastresitog tijesta i preklopite ga preko nadjeva prema sredini galete . Nastavite raditi oko galeta puštajući tijesto da se preklopi tamo gdje se čini prirodnim i stvarajući nekoliko nabora gdje je potrebno. Nastavite sve dok ne potrošite sav višak tijesta i napravite rub kore koji u sredini obuhvaća voće.

j) Premažite rubove i stranice tijesta tijestom od jaja i obilato pospite turban šećerom i narezanim bademima. Stavite lim za pečenje u hladnjak i ohladite galette najmanje 30 minuta ili najviše sat vremena.

k) Pecite galette 35-45 minuta ili dok korica ne porumeni, a voće ne postane mjehurasto. Pustite da se ohladi na limu za pečenje 5 minuta, a zatim nježno pomoću papira za pečenje podignite galette i premjestite ga na rešetku za hlađenje. Narežite ga na deblje kriške za posluživanje. Toplo preporučujem posluživanje s kuglicom sladoleda od mahune vanilije.

74.Chipotle slatki krumpir i crni grah Galette

SASTOJCI:
- 1 list lisnatog tijesta iz trgovine, odmrznut
- 2 šalice kuhanog i zgnječenog slatkog krumpira
- 1 šalica kuhanog crnog graha
- 1 chipotle paprika u adobo umaku, mljevena
- 1 žličica mljevenog kima
- 1/2 žličice čilija u prahu
- Posolite i popaprite po ukusu
- 1 jaje, tučeno (za pranje jaja)
- Svježi listovi cilantra za ukras (po želji)

UPUTE:
a) Zagrijte pećnicu na 375°F (190°C) i obložite lim za pečenje papirom za pečenje.
b) U zdjeli pomiješajte pire od slatkog krumpira, crni grah, mljevenu papriku, mljeveni kumin, čili u prahu, sol i papar.
c) Lisnato tijesto razvaljajte na lagano pobrašnjenoj površini u grubi krug promjera oko 12 inča.
d) Razvaljano lisnato tijesto prebacite u pripremljeni lim za pečenje.
e) Smjesu slatkog krumpira i crnog graha ravnomjerno rasporedite po lisnatom tijestu, ostavljajući rub oko 2 inča oko rubova.
f) Presavijte rubove lisnatog tijesta preko nadjeva, naborajte po potrebi kako biste stvorili rustikalni oblik galeta .
g) Rubove tijesta premažite razmućenim jajetom.
h) Pecite u prethodno zagrijanoj pećnici 25-30 minuta, odnosno dok tijesto ne porumeni.
i) Izvadite iz pećnice i pustite da se malo ohladi prije posluživanja.
j) Po želji ukrasite svježim listovima cilantra.
k) Narežite i uživajte u svom ukusnom Chipotle slatkom krumpiru i crnom grahu Galette !

ČOKOLADNE GALETTE

75. Nutella čokoladna galeta

SASTOJCI:
- 1 prethodno napravljena kora za pitu
- 1/2 šalice Nutelle
- 1/4 šalice nasjeckanih lješnjaka
- 1 jaje, tučeno (za pranje jaja)
- Šećer u prahu (za posipanje)

UPUTE:
a) Zagrijte pećnicu na 375°F (190°C).
b) Koru za pitu razvaljajte na pleh obložen papirom za pečenje.
c) Ravnomjerno rasporedite Nutellu po sredini kore za pitu .
d) Preko Nutelle pospite nasjeckane lješnjake.
e) Presavijte rubove kore preko nadjeva od Nutelle, stvarajući rustikalni rub.
f) Rubove kore premažite razmućenim jajetom.
g) Pecite 20-25 minuta, ili dok korica ne porumeni.
h) Ostavite galette da se malo ohladi prije nego što ga pospete šećerom u prahu. Poslužite toplo.

76.Galette od čokolade i maline

SASTOJCI:
- 1 prethodno napravljena čokoladna kora za pitu
- 1 šalica poluslatkih komadića čokolade
- 1 šalica svježih malina
- 1 žlica granuliranog šećera
- 1 jaje, tučeno (za pranje jaja)
- Šećer u prahu (za posipanje)

UPUTE:
a) Zagrijte pećnicu na 375°F (190°C).
b) Koru za pitu razvaljajte na pleh obložen papirom za pečenje.
c) Otopite komadiće čokolade u posudi prikladnoj za mikrovalnu pećnicu, miješajući dok ne postane glatka.
d) Otopljenu čokoladu ravnomjerno rasporedite po sredini kore za pitu .
e) Svježe maline rasporedite po čokoladi.
f) Preko malina pospite kristalni šećer.
g) Presavijte rubove kore preko nadjeva, stvarajući rustikalni rub.
h) Rubove kore premažite razmućenim jajetom.
i) Pecite 25-30 minuta, ili dok korica ne porumeni.
j) Ostavite galette da se malo ohladi prije nego što ga pospete šećerom u prahu. Poslužite toplo.

77.Slana karamel čokoladna galeta

SASTOJCI:
- 1 prethodno napravljena kora za pitu
- 1 šalica poluslatkih komadića čokolade
- 1/2 šalice slanog karamel umaka
- Pahuljice morske soli (za posipanje)
- 1 jaje, tučeno (za pranje jaja)
- Šećer u prahu (za posipanje)

UPUTE:
a) Zagrijte pećnicu na 375°F (190°C).
b) Koru za pitu razvaljajte na pleh obložen papirom za pečenje.
c) Otopite komadiće čokolade u zdjeli prikladnoj za mikrovalnu, miješajući dok ne postane glatka.
d) Otopljenu čokoladu ravnomjerno rasporedite po sredini kore za pitu .
e) Preko čokolade prelijte slani karamel umak.
f) Po karamelu pospite listiće morske soli.
g) Presavijte rubove kore preko nadjeva, stvarajući rustikalni rub.
h) Rubove kore premažite razmućenim jajetom.
i) Pecite 25-30 minuta, ili dok korica ne porumeni.
j) Ostavite galette da se malo ohladi prije nego što ga pospete šećerom u prahu. Poslužite toplo.

78. Galette od čokolade i banane

SASTOJCI:
- 1 prethodno napravljena kora za pitu
- 1 šalica poluslatkih komadića čokolade
- 2 zrele banane, narezane na ploške
- 2 žlice smeđeg šećera
- 1 jaje, tučeno (za pranje jaja)
- Šećer u prahu (za posipanje)

UPUTE:
a) Zagrijte pećnicu na 375°F (190°C).
b) Koru za pitu razvaljajte na pleh obložen papirom za pečenje.
c) Otopite komadiće čokolade u posudi prikladnoj za mikrovalnu pećnicu, miješajući dok ne postane glatka.
d) Otopljenu čokoladu ravnomjerno rasporedite po sredini kore za pitu.
e) Po čokoladi posložite narezane banane.
f) Preko banana pospite smeđi šećer.
g) Presavijte rubove kore preko nadjeva, stvarajući rustikalni rub.
h) Rubove kore premažite razmućenim jajetom.
i) Pecite 25-30 minuta, ili dok korica ne porumeni.
j) Ostavite galette da se malo ohladi prije nego što ga pospete šećerom u prahu. Poslužite toplo.

79. Bijela čokolada Malina Galette

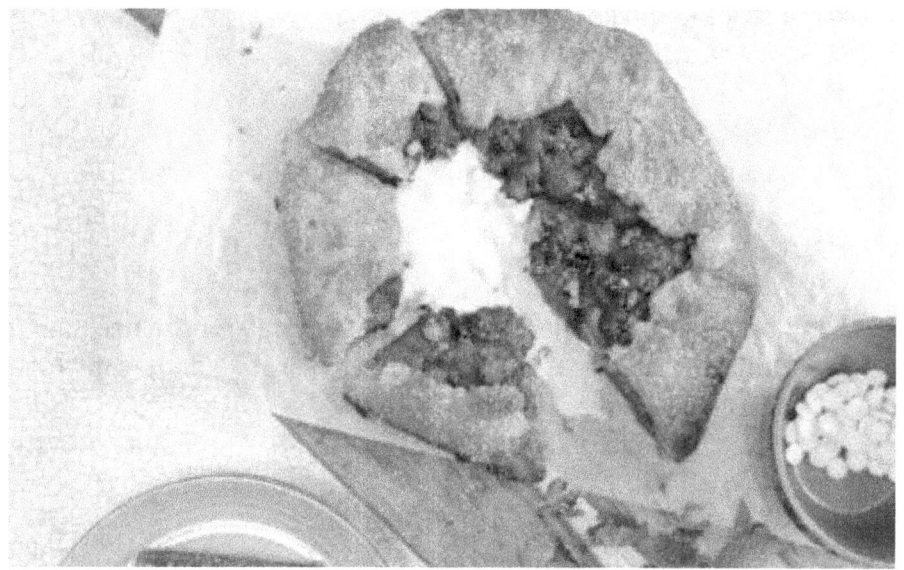

SASTOJCI:
- 1 prethodno napravljena kora za pitu
- 1 šalica komadića bijele čokolade
- 1 šalica svježih malina
- 1 žlica granuliranog šećera
- 1 jaje, tučeno (za pranje jaja)
- Šećer u prahu (za posipanje)

UPUTE:
a) Zagrijte pećnicu na 375°F (190°C).
b) Koru za pitu razvaljajte na pleh obložen papirom za pečenje.
c) Otopite komadiće bijele čokolade u zdjeli prikladnoj za mikrovalnu, miješajući dok ne postane glatka.
d) Otopljenu bijelu čokoladu ravnomjerno rasporedite po sredini kore za pitu .
e) Posložite svježe maline na bijelu čokoladu.
f) Preko malina pospite kristalni šećer.
g) Presavijte rubove kore preko nadjeva, stvarajući rustikalni rub.
h) Rubove kore premažite razmućenim jajetom.
i) Pecite 25-30 minuta, ili dok korica ne porumeni.
j) Ostavite galette da se malo ohladi prije nego što ga pospete šećerom u prahu. Poslužite toplo.

80.Čokolada Trešnja Galette

SASTOJCI:
- 1 prethodno napravljena kora za pitu
- 1 šalica poluslatkih komadića čokolade
- 1 šalica svježih trešanja, očišćenih od koštica i prepolovljenih
- 1 žlica granuliranog šećera
- 1 jaje, tučeno (za pranje jaja)
- Šećer u prahu (za posipanje)

UPUTE:
a) Zagrijte pećnicu na 375°F (190°C).
b) Koru za pitu razvaljajte na pleh obložen papirom za pečenje.
c) Otopite komadiće čokolade u posudi prikladnoj za mikrovalnu pećnicu, miješajući dok ne postane glatka.
d) Otopljenu čokoladu ravnomjerno rasporedite po sredini kore za pitu.
e) Na čokoladu posložite polovice svježih višanja.
f) Preko višanja pospite šećer u prahu.
g) Presavijte rubove kore preko nadjeva, stvarajući rustikalni rub.
h) Rubove kore premažite razmućenim jajetom.
i) Pecite 25-30 minuta, ili dok korica ne porumeni.
j) Ostavite galette da se malo ohladi prije nego što ga pospete šećerom u prahu. Poslužite toplo.

81.Šalica s maslacem od kikirikija S'mores Galette

SASTOJCI:

- 1 ½ šalice višenamjenskog brašna
- ½ šalice mrvica graham krekera
- ⅔ šalice slanog maslaca, hladnog, narezanog na kockice
- ¼ šalice šećera
- 5-6 žlica hladne vode
- 1 jaje, tučeno, za pranje jaja
- 15 velikih marshmallowa
- 1 šalica mini bombona prekrivenih čokoladom, prerezanih na pola
- 1 šalica nasjeckane pločice mliječne čokolade po izboru
- 1 ½ šalice zdrobljenog maslaca od kikirikija
- ½ šalice čipsa od maslaca od kikirikija, otopljenog za prelijevanje (po želji)
- ½ šalice marshmallow paperja za prelijevanje (po želji)

UPUTE:
NAPRAVITI KORE:
a) Stavite brašno, mrvice graham krekera i šećer u stojeću zdjelu miksera i dodajte nastavak s lopaticom. Brzo izmiksajte da se sjedini. Polako dodajte kockicu po kockicu maslaca i lagano miješajte dok ne dobijete konzistenciju poput mokrog pijeska.

b) Alternativno možete koristiti rezač za tijesto i izrezati maslac u smjesu. Dodajte jednu po žlicu hladne vode . Tijesto je gotovo kada je čvrsto i nije ljepljivo.

SVE ZAJEDNO:
c) Tijesto nije potrebno hladiti.

d) Razvaljajte tijesto na ravnoj površini koju ste posuli brašnom. Razvaljajte u krug širok oko 12 inča. Dodajte marshmallows, mliječnu čokoladu, čokoladne bombone i maslac od kikirikija.

e) Nježno pomičite koru i presavijte je na samo jedan centimetar preko nadjeva, ostavljajući sredinu galeta otvorenom .

f) Sljedeći dio nastavite slagati preko prethodnog i tako dok cijela kora ne bude presavijena prema unutra. Premažite koru s jajima.

PEĆI:
g) Pecite na 350° 25-30 minuta, ili dok sredina ne postane mjehurićasta, a rubovi ne poprime lijepu zlatnosmeđu boju.

Otopite čips maslaca od kikirikija u posudi za mikrovalnu pećnicu na visokoj temperaturi 60-70 sekundi ili dok se ne otopi. Budite oprezni jer zdjela može biti vruća.

h) Umutite čips dok ne postane glatko. Prelijte toplom galetom . Ostavite da se malo ohladi prije posluživanja. Poslužite toplo, sobne temperature ili hladno.
i) Čuvati poklopljeno na sobnoj temperaturi do četiri dana. Uživati!

82.Tamna čokolada i naranča Galette

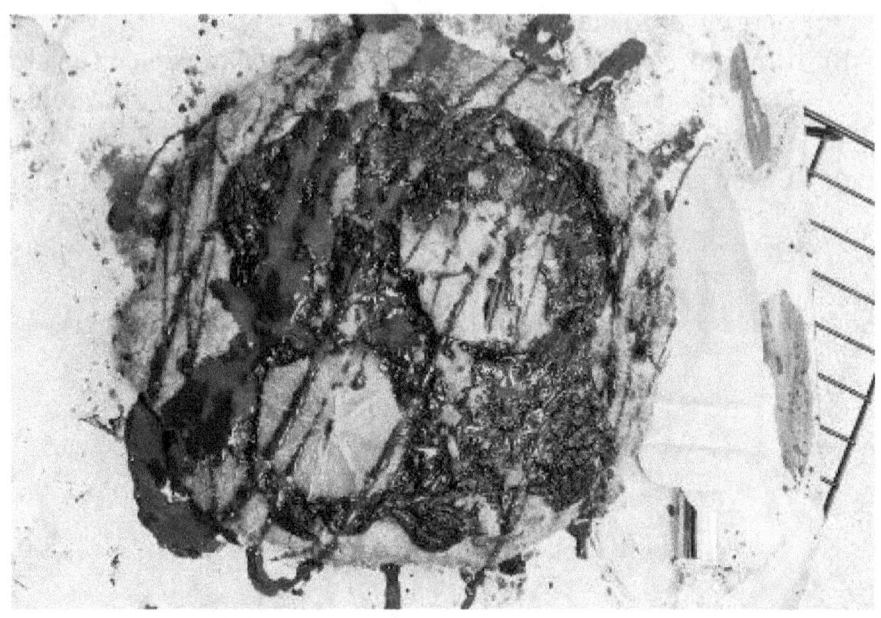

SASTOJCI:
- 1 prethodno napravljena kora za pitu
- 1 šalica komadića tamne čokolade
- Korica 1 naranče
- 2 žlice granuliranog šećera
- 1 jaje, tučeno (za pranje jaja)
- Šećer u prahu (za posipanje)

UPUTE:
a) Zagrijte pećnicu na 375°F (190°C).
b) Koru za pitu razvaljajte na pleh obložen papirom za pečenje.
c) Pospite komadiće tamne čokolade ravnomjerno po sredini kore za pitu .
d) Pospite narančinu koricu preko komadića čokolade.
e) Čokoladu i narančinu koricu pospite kristalnim šećerom.
f) Presavijte rubove kore preko nadjeva, stvarajući rustikalni rub.
g) Rubove kore premažite razmućenim jajetom.
h) Pecite 25-30 minuta, ili dok korica ne porumeni.
i) Ostavite galette da se malo ohladi prije nego što ga pospete šećerom u prahu. Poslužite toplo.

83. Galette s kokosom i čokoladom

SASTOJCI:
- 1 prethodno napravljena kora za pitu
- 1 šalica naribanog kokosa
- 1 šalica poluslatkih komadića čokolade
- 2 žlice granuliranog šećera
- 1 jaje, tučeno (za pranje jaja)
- Šećer u prahu (za posipanje)

UPUTE:
a) Zagrijte pećnicu na 375°F (190°C).
b) Koru za pitu razvaljajte na pleh obložen papirom za pečenje.
c) Pospite naribani kokos ravnomjerno po sredini kore za pitu .
d) Po kokosu pospite poluslatke komadiće čokolade.
e) Preko čokolade i kokosa pospite kristalni šećer.
f) Presavijte rubove kore preko nadjeva, stvarajući rustikalni rub.
g) Rubove kore premažite razmućenim jajetom.
h) Pecite 25-30 minuta, ili dok korica ne porumeni.
i) Ostavite galette da se malo ohladi prije nego što ga pospete šećerom u prahu. Poslužite toplo.

MESNE GALETE

84.Kobasica Galette

SASTOJCI:
- 2 kruga pripremljenog tijesta za pitu (iz pakiranja od 14,1 unce)
- 8 unci mljevene kobasice za doručak
- 1 žlica maslinovog ulja (po potrebi)
- 1/2 srednjeg luka, narezanog na tanke trakice
- 8 unci narezanih baby bella gljiva
- 2/3 šalice ricotte
- 4 češnja češnjaka, nasjeckana
- Svježe nasjeckana sol i papar, po ukusu
- 4 unce Gruyere sira, naribanog
- 1/2 žličice suhe majčine dušice
- 1 umućeno jaje
- 1 žlica vode

UPUTE:
a) Zagrijte pećnicu na 400 stupnjeva F. Dva lima za pečenje obložite papirom za pečenje. Razvaljajte jedan krug kore za pitu na svaki lim za pečenje na vrh papira za pečenje.
b) Kuhajte kobasice u tavi na srednje jakoj vatri dok ne porumene i postanu mrvičaste, oko 8 minuta. Izvadite kobasicu iz tave šupljikavom žlicom na tanjur obložen papirnatim ručnikom i ostavite sa strane, a ulje iz kobasice ostavite u tavi. Ako nema puno ulja, dodajte do 1 žlicu maslinovog ulja u tavu.
c) U serpu dodati luk da se pece na topljenom ulju od kobasice. Kuhajte dok rubovi luka ne počnu smeđiti i karamelizirati se, oko 3 minute. Dodajte gljive u tavu i kuhajte ih 4 minute ili dok tek ne počnu omekšavati. Izvadite povrće iz tave i dodajte na tanjur obložen papirnatim ručnikom s kobasicama.
d) Raširite 1/3 šalice ricotte na sredinu svake kore za pitu, ravnomjerno rasporedite, ali ostavite goli perimetar od 1 1/2 inča. Podijelite mljeveni češnjak na vrhu ricotte između dvije kore, zatim dodajte malo svježe nasjeckane soli i papra po ukusu.
e) Dodajte polovicu smjese kobasice i gljiva u ravnomjernom sloju preko ricotte na svaku koru. Na vrh stavite isjeckani Gruyere. Sve pospite majčinom dušicom.

f) Presavijte rubove kora za pitu preko nadjeva od gljiva oko cijelog kruga, naboravajući svakih nekoliko centimetara kako biste zadržali kružni oblik. U maloj posudi umutite jaje i vodu. Premažite rubove kora za pitu smjesom od jaja.

g) Pecite u prethodno zagrijanoj pećnici 18-22 minute, odnosno dok korica ne porumeni. Ohladite na limu za pečenje 10 minuta prije prebacivanja na tanjur za posluživanje.

85.Galeta od piletine i gljiva

SASTOJCI:
- 1 prethodno napravljena kora za pitu
- 2 šalice kuhane piletine, narezane na kockice
- 1 šalica narezanih gljiva
- 1 šalica nasjeckanog švicarskog sira
- 1/4 šalice nasjeckanog svježeg peršina
- Posolite i popaprite po ukusu
- 1 jaje, tučeno (za pranje jaja)

UPUTE:
a) Zagrijte pećnicu na 375°F (190°C).
b) U tavi pirjajte narezane gljive dok ne omekšaju i ne ispari višak tekućine.
c) Koru za pitu razvaljajte na pleh obložen papirom za pečenje.
d) Ravnomjerno rasporedite kuhanu piletinu po sredini kore za pitu, ostavljajući oko 1-2 inča kore oko rubova.
e) Pirjane gljive rasporedite po piletini.
f) Po gljivama pospite naribani švicarski sir i nasjeckani svježi peršin.
g) Začinite solju i paprom po ukusu.

86.Galeta od govedine i karameliziranog luka

SASTOJCI:
- 1 funta mljevene govedine
- 2 velika luka, tanko narezana
- 1 žlica maslinovog ulja
- Posolite i popaprite po ukusu
- 1 šalica nasjeckanog sira gruyere
- 1 žlica svježeg lišća majčine dušice
- 1 prethodno napravljena kora za pitu

UPUTE:
a) Zagrijte pećnicu na 375°F (190°C).
b) U tavi zagrijte maslinovo ulje na srednje jakoj vatri. Dodajte narezani luk i kuhajte uz povremeno miješanje dok se ne karamelizira, oko 20-25 minuta.
c) Dodajte mljevenu govedinu u tavu i kuhajte dok ne porumeni. Posolite i popaprite.
d) Koru za pitu razvaljajte na pleh obložen papirom za pečenje.
e) Žlicom stavite smjesu govedine i luka na sredinu kore za pitu , ostavljajući rub oko rubova.
f) Po smjesi govedine pospite naribani sir gruyere.
g) Presavijte rubove kore za pitu preko nadjeva, naborajte po potrebi.
h) Premažite rubove kore razmućenim jajetom za zlatnu boju (po želji).
i) Pecite u prethodno zagrijanoj pećnici 25-30 minuta, odnosno dok korica ne porumeni.
j) Galette prije posluživanja pospite listićima svježeg timijana .

87.Galette sa šunkom i sirom

SASTOJCI:
TIJESTO ZA GALETTE
- 2 šalice heljdinog brašna
- 1/4 šalice višenamjenskog brašna
- 1 žlica soli
- 4 1/2 šalice vode
- 1 jaje

SKUPŠTINA
- Neslani maslac
- šunka
- jaja
- Gruyère sir, naribani

UPUTE:
TIJESTO ZA GALETTE
a) Sve zajedno miješajte dok se dobro ne sjedini. Ostavite tijesto u hladnjaku 2 sata ili preko noći.

SKUPŠTINA
b) Zagrijte tavu od lijevanog željeza za palačinke od 11 inča na srednjoj razini dok ne bude vrlo ravnomjerno vruća. Za karakteristične kratere, tava mora biti dovoljno vruća da odmah probuši rupe u tijestu kada ga izlijete.

c) Rastopite dovoljno maslaca da premažete tavu. Ulijte 1/2 šalice tijesta i nagnite posudu da prekrije cijelu površinu.

d) Pecite otprilike 2 1/2 minute s prve strane, zatim okrenite i pecite još 1 1/2 minute. Maknite galetu s vatre i ostavite da se ohladi dok ne bude potrebna za punjenje. Ponovite sa svim tijestom, dodajući maslac u tavu po potrebi da se ne lijepi.

e) Za " potpunu " montažu, otopite još malo maslaca i ubacite u ohlađenu galettu, kraterima prema dolje, i odmah stavite krišku šunke u sredinu, a zatim naribani gruyere da prekrijete krišku. U međuvremenu, u zasebnoj tavi skuhajte jaje na malo otopljenog maslaca; kada je jaje gotovo kuhano, nježno ga stavite preko gruyerea sa žumanjkom u sredini i preklopite preko četiri ruba galette da ostane vidljivo samo jaje.

f) Pokrijte poklopcem i zagrijavajte oko minutu, dok se jaje ne skuha, a dno galete postane hrskavo. Poslužite odmah.

88.Puretina i Galette od brusnica

SASTOJCI:
- 1 prethodno napravljena kora za pitu
- 1 šalica kuhane i narezane puretine
- 1/2 šalice umaka od brusnica
- 1/2 šalice izmrvljenog kozjeg sira
- 1/4 šalice nasjeckanih pekan oraha
- 1 žlica nasjeckane svježe kadulje
- Posolite i popaprite po ukusu

UPUTE:
a) Zagrijte pećnicu na 375°F (190°C).
b) Koru za pitu razvaljajte na pleh obložen papirom za pečenje.
c) Rasporedite umak od brusnica preko sredine kore za pitu, ostavljajući rub oko rubova.
d) Po umaku od brusnica pospite narezanu puretinu, izmrvljeni kozji sir, nasjeckane pekan orahe i nasjeckanu svježu kadulju.
e) Posolite i popaprite.
f) Presavijte rubove kore za pitu preko nadjeva, naborajte po potrebi.
g) Pecite u prethodno zagrijanoj pećnici 25-30 minuta, odnosno dok korica ne porumeni.
h) Neka se malo ohladi prije posluživanja.

89.Janjetina i Feta Galette

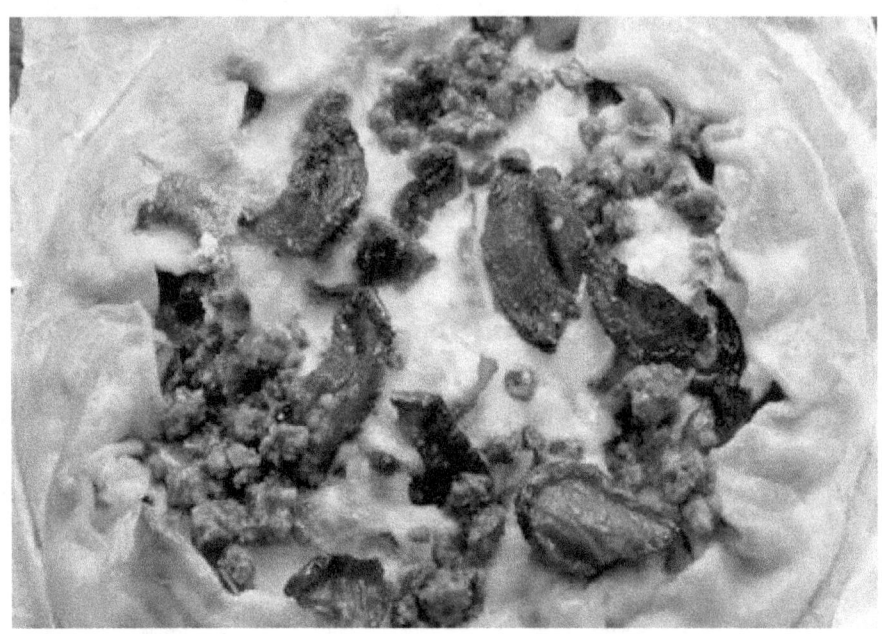

SASTOJCI:
- 1 prethodno napravljena kora za pitu
- 1 šalica kuhane i narezane janjetine
- 1/2 šalice izmrvljenog feta sira
- 1/4 šalice nasjeckane svježe metvice
- 1/4 šalice nasjeckanih Kalamata maslina
- 1 žlica maslinovog ulja
- Posolite i popaprite po ukusu

UPUTE:
a) Zagrijte pećnicu na 375°F (190°C).
b) Koru za pitu razvaljajte na pleh obložen papirom za pečenje.
c) U zdjeli pomiješajte narezanu janjetinu, izmrvljeni feta sir, nasjeckanu svježu metvicu, nasjeckane masline Kalamata, maslinovo ulje, sol i papar.
d) Žlicom rasporedite janjeću smjesu na sredinu kore za pitu, ostavljajući rub oko rubova.
e) Presavijte rubove kore za pitu preko nadjeva, naborajte po potrebi.
f) Pecite u prethodno zagrijanoj pećnici 25-30 minuta, odnosno dok korica ne porumeni.
g) Ostavite da se ohladi nekoliko minuta prije rezanja i posluživanja.

90. Pulena svinjetina i salata od kupusa Galette

SASTOJCI:
- 1 prethodno napravljena kora za pitu
- 1 šalica vučene svinjetine
- 1 šalica mješavine salate od kupusa
- 1/4 šalice umaka za roštilj
- 1/4 šalice nasjeckanog sira cheddar
- Posolite i popaprite po ukusu

UPUTE:
a) Zagrijte pećnicu na 375°F (190°C).
b) Koru za pitu razvaljajte na pleh obložen papirom za pečenje.
c) U zdjeli pomiješajte vučenu svinjetinu i umak za roštilj dok se dobro ne prekrije.
d) Ravnomjerno rasporedite vučenu svinjetinu po sredini kore za pitu , ostavljajući rub oko rubova.
e) Prelijte svinjsko meso mješavinom salate od kupusa i nasjeckanim cheddar sirom.
f) Posolite i popaprite.
g) Presavijte rubove kore za pitu preko nadjeva, naborajte po potrebi.
h) Pecite u prethodno zagrijanoj pećnici 25-30 minuta, odnosno dok korica ne porumeni.
i) Neka se malo ohladi prije posluživanja.

91.Galette sa slaninom, jajima i sirom

SASTOJCI:
- 1 prethodno napravljena kora za pitu
- 6 kriški slanine, kuhane i izmrvljene
- 4 jaja
- 1/2 šalice nasjeckanog sira cheddar
- Posolite i popaprite po ukusu

UPUTE:
a) Zagrijte pećnicu na 375°F (190°C).
b) Koru za pitu razvaljajte na pleh obložen papirom za pečenje.
c) Kuhanu i izmrvljenu slaninu ravnomjerno pospite po sredini kore za pitu, ostavljajući rub oko rubova.
d) Razbijte jaja na slaninu, ravnomjerno ih razmaknuvši.
e) Preko slanine i jaja pospite nasjeckani cheddar sir.
f) Posolite i popaprite.
g) Presavijte rubove kore za pitu preko nadjeva, naborajte po potrebi.
h) Pecite u prethodno zagrijanoj pećnici 20-25 minuta, odnosno dok korica ne porumeni i jaja se stvrdnu.
i) Neka se malo ohladi prije posluživanja.

92.Galeta od krumpira, kobasica i ružmarina

SASTOJCI:
TIJESTO:
- 1 1/2 šalice višenamjenskog brašna
- 1/4 šalice ribanog parmezana
- 1/4 žličice soli
- 1/2 šalice 1 štapić hladnog neslanog maslaca, narezanog na kockice
- 5 do 6 žlica vrlo hladne vode

GALETTE:
- 1 žlica maslinovog ulja
- 1 šalica naribanog sira Mozzarella
- 1/2 šalice naribanog sira Fontina
- 2 velika Yukon zlatna krumpira narezana na vrlo tanke ploške
- 2 ljute ili blage talijanske kobasice skinute omotač
- 1/2 žličice soli
- 1/4 žličice svježe nasjeckanog crnog papra
- 2 žličice nasjeckanog svježeg ružmarina
- 1 veliko jaje umućeno s malo vode

UPUTE:
a) Da biste napravili pecivo, u velikoj zdjeli pomiješajte brašno, parmezan i sol dok se dobro ne sjedine. Dodajte maslac i izrežite ga miješalicom za tijesto ili prstima dok ne bude nalik na grube mrvice veličine graška. Ulijte 5 žlica vode, lagano miješajući gumenom lopaticom dok se sve ravnomjerno ne navlaži ; dodajte zadnju žlicu vode ako je potrebno da napravite čvrsto tijesto. Tijesto oblikujte u disk, zamotajte u plastičnu foliju i ostavite u hladnjaku najmanje 1 sat.

b) Zagrijte pećnicu na 425°F. Lim za pečenje obložite papirom za pečenje i ostavite sa strane.

c) Da biste sastavili galette , na lagano pobrašnjenoj radnoj površini razvaljajte tijesto u krug od 12" debljine oko 1/4 inča. Pažljivo premjestite tijesto na lim za pečenje obložen papirom za pečenje. Premažite ga maslinovim uljem i zatim pospite sredinu s nasjeckanim sirevima, ostavljajući 2 inča široku golu traku duž ruba.

d) Raširite kriške krumpira na vrh sira, preklapajući ih u hrpu. Izlomite kobasicu i stavite je na krumpir. Začinite solju, paprom i ružmarinom.
e) Presavijte rubove tijesta prema sredini. Premažite rubove kore s jajetom i pecite dok ne porumene i ne postanu mjehurići, oko 25 do 30 minuta.
f) Izvadite iz pećnice i ostavite da odstoji oko 10 minuta prije rezanja i posluživanja. Uživati!

93. Galette od pečenih rajčica na dva načina

SASTOJCI:
TIJESTO:
- 70 g hladnog integralnog brašna
- 70 g glatkog brašna hladnog; Ja koristim obični pir
- 50 g zobenog brašna hladnog; Ja svoj pravim u blenderu
- 1 žlica sjemenki komorača po želji
- 1 žlica hladnog kukuruznog brašna; ili finu palentu
- 1/2 žličice soli
- 100 g maslaca narezanog na kockice i hladnog; poželjno organsko
- 1 žličica jabučnog octa ili octa od bijelog vina
- 3 žlice ledeno hladne vode
- 1 malo umućeno jaje (za glaziranje kasnije u procesu)

RAJČICE
- 800 g najbolje ne premale rajčice
- 2 češnja češnjaka narezana na ploške
- 1 grančica ružmarina
- 1 grančica timijana
- 3 žlice ekstra djevičanskog maslinovog ulja podijeljeno
- 1 duža ljutika narezana na ploške; neobavezan
- Konzervirana tapenada od limuna
- 3 žlice tapenade od crnih maslina
- 1/2 sačuvanog limuna sitno nasjeckanog

SLATKA HARISSA PASTA
- 2 žlice paste od harise, po mogućnosti harise od ruže
- 1 žlica najboljeg kečapa od rajčice
- 1/2 žlice sirupa od datulja ili meda

UMAK OD RIKOTE
- 125 g ricotte
- 3 žlice tapenade od crnih maslina
- 1 žlica svježeg soka od limuna
- korica pola limuna
- listovi svježeg timijana i mljeveni listovi ružmarina po želji za posluživanje

UPUTE:
IZRADA TIJESTA
a) Tostirajte sjemenke komorača, ako ih koristite, u maloj tavi dok ne zamirišu. Kratko ohladite, a zatim istucite tučkom i tarionikom ili mlincem za začine u grubi prah. Mirisat će nevjerojatno!
b) Kao što ćete vidjeti gore, sastojci za tijesto trebaju biti hladni. Samo ih stavite u hladnjak na 15 minuta i to bi trebalo biti dovoljno. Sada stavite brašno, maslac, sol i sjemenke komorača u zdjelu multipraktika i miksajte dok se ne razbije u male "kamenčiće". Ne smije se previše obrađivati u glatku pastu.
c) Pomiješajte ledenu vodu i ocat u maloj šalici i polako dodajte kroz cijev procesora hrane dok je procesor uključen. Držite stroj uključen samo dok se kuglice tijesta ne podignu na jednu stranu. Nekoliko zalutalih komadića može biti u zdjeli, ali sveukupno bi trebalo biti čvrsto tijesto.
d) Izvucite tijesto iz procesora i oblikujte ga u masni, ravni disk ili grubi pravokutnik na komadu papira za pečenje ili foliji za pečenje.
e) Povucite prema gore i podvijte rubove kako biste u potpunosti obuhvatili; stavite u zamrzivač na 15 minuta. Ili u hladnjak na 30 minuta.

PEČENJE RAJČICA
f) Zagrijte pećnicu na 160C ventilator/180C/350F. Pobrinite se da imate dvije police za dva pladnja s rajčicama.
g) Narežite rajčice debljine oko 1/2 inča i položite ih na nekoliko slojeva papirnatih ručnika ili na dvostruki sloj kuhinjskih ručnika. Pokrijte s još ručnika i lagano pritisnite. To će ukloniti dio tekućine i ubrzati pečenje. Možete preskočiti ovaj dio i umjesto toga ostaviti rajčice da se peku sat vremena. Nisam primijetio razliku u okusu upijanja rajčica od neke njihove ukusne tekućine.
h) Par plehova za pečenje obložite lagano zgužvanom folijom (papir za pečenje nije dobar ali je ekološki prihvatljiviji) i namažite s malo ulja. Položite na rajčice i premažite uljem.
i) Stavite u pećnicu i pecite 45 minuta. Dok se rajčice peku, preostalo ulje posebno umiješajte u češnjak i ljutiku. Nakon 15 minuta dodajte nauljeni češnjak i grančice začinskog bilja u jedan od plehova.

j) Dok se rajčice peku i tijesto odmara, napravite slani namaz po želji. Pomiješajte odabrane sastojke i ostavite sa strane. Ako jedete umak od ricotte, napravite ga sada tako da sve pomiješate i stavite u hladnjak.
k) Sastavljanje
l) Izvadite tijesto iz hladnjaka i odmotajte. Ravnomjerno razvaljajte na čistoj, brašnom posutoj radnoj površini (ja koristim više kukuruznog brašna) u željeni oblik, ali otprilike 12 inča promjera/1/4 inča debljine. Može puknuti pa ga samo zakrpite drugim dijelovima koji će stršati.
m) Lagano razvaljajte polovicu tijesta na svoj valjak (možda će trebati pomoć dizača kolača) i stavite tijesto do kraja na pleh obložen papirom za pečenje.
n) rasporedite slani namaz po izboru, samo malo uz rubove. Dodajte većinu pečenih komadića češnjaka (ne brinite za začinsko bilje, oni su začinili češnjak i sada su izborni), sve komadiće ljutike i položite na pečene rajčice, ostavljajući razmak blizu rubova.
o) Na vrh stavite nasumične komadiće pečenog češnjaka. Presavijte rubove golog tijesta prema gore preko vanjske četvrtine rajčica (vidi slike). Premažite razmućenim jajetom i vratite u hladnjak na 15 minuta. Trebalo bi izgledati rustikalno, a ne savršeno!
p) Pojačajte temperaturu pećnice na 200 C s ventilatorom/220 C/425 F.
q) Kad se ohlade, pecite galette u pećnici 15 minuta, zatim smanjite temperaturu na 160C s ventilatorom/180C/350F i pecite još 20 minuta, lagano pokrivajući folijom ako je potrebno da ne porumene prebrzo.
r) Izvadite iz pećnice i malo ohladite ili na sobnu temperaturu prije rezanja na 6 kriški i posluživanja sa salatama i umakom od ricotte.
s) Ukrasite dodatnim začinskim biljem.

VEGGIE GALETTES

94. Ratatouille Galette

SASTOJCI:
- 1 prethodno napravljena kora za pitu
- 1 manji patlidžan, narezan na tanke ploške
- 1 tikvica, tanko narezana
- 1 žuta tikva, tanko narezana
- 1 paprika, tanko narezana
- 1 luk narezan na tanke ploške
- 2 češnja češnjaka, mljevena
- 2 žlice maslinovog ulja
- 1/2 šalice marinara umaka
- 1/2 šalice naribanog mozzarella sira
- Posolite i popaprite po ukusu
- Listovi svježeg bosiljka za ukras

UPUTE:
a) Zagrijte pećnicu na 375°F (190°C).
b) U velikoj tavi zagrijte maslinovo ulje na srednje jakoj vatri. Dodajte nasjeckani češnjak i narezano povrće (patlidžan, tikvica, žuta tikva, paprika i luk). Kuhajte dok ne omekšaju, oko 8-10 minuta. Posolite i popaprite.
c) Koru za pitu razvaljajte na pleh obložen papirom za pečenje.
d) Ravnomjerno rasporedite marinara umak po sredini kore za pitu, ostavljajući rub oko rubova.
e) Kuhano povrće rasporedite po marinara umaku.
f) Po povrću pospite naribani mozzarella sir.
g) Presavijte rubove kore za pitu preko nadjeva, naborajte po potrebi.
h) Pecite u prethodno zagrijanoj pećnici 25-30 minuta, ili dok korica ne porumeni, a sir se otopi i postane mjehurić.
i) Prije posluživanja ukrasite lističima svježeg bosiljka.

95. Curry povrće Galette

SASTOJCI:
- 1 prethodno napravljena kora za pitu
- 2 šalice miješanog povrća (poput cvjetače, mrkve, graška i krumpira), narezanog na kockice
- 1 glavica luka sitno nasjeckana
- 2 češnja češnjaka, mljevena
- 2 žlice curry praha
- 1/2 šalice kokosovog mlijeka
- 2 žlice biljnog ulja
- Posolite i popaprite po ukusu

UPUTE:
a) Zagrijte pećnicu na 375°F (190°C).
b) U tavi zagrijte biljno ulje na srednje jakoj vatri. Dodajte nasjeckani luk i nasjeckani češnjak. Kuhajte dok ne omekšaju, oko 2-3 minute.
c) Dodajte povrće narezano na kockice u tavu i kuhajte dok malo ne omekša, oko 5-7 minuta.
d) Umiješajte curry prah i kokosovo mlijeko. Posolite i popaprite. Kuhajte još 2-3 minute, dok se smjesa malo ne zgusne.
e) Koru za pitu razvaljajte na pleh obložen papirom za pečenje.
f) Žlicom stavite mješavinu curry povrća na sredinu kore za pitu , ostavljajući rub oko rubova.
g) Presavijte rubove kore za pitu preko nadjeva, naborajte po potrebi.
h) Pecite u prethodno zagrijanoj pećnici 25-30 minuta, odnosno dok korica ne porumeni.
i) Neka se malo ohladi prije posluživanja.

96. Caprese Galette

SASTOJCI:
- 1 prethodno napravljena kora za pitu
- 2 velike rajčice, tanko narezane
- 8 unci svježeg sira mozzarella, narezanog na kriške
- 1/4 šalice svježeg lišća bosiljka
- 2 žlice glazure od balzama
- 2 žlice maslinovog ulja
- Posolite i popaprite po ukusu

UPUTE:
a) Zagrijte pećnicu na 375°F (190°C).
b) Koru za pitu razvaljajte na pleh obložen papirom za pečenje.
c) Rasporedite kriške rajčice i svježe kriške mozzarelle u uzorku koji se preklapa preko središta kore za pitu, ostavljajući obrub oko rubova.
d) Natrgajte svježe listove bosiljka i posipajte ih po rajčicama i mozzarelli.
e) Pokapajte balzam glazuru i maslinovo ulje preko rajčica i mozzarelle. Posolite i popaprite.
f) Presavijte rubove kore za pitu preko nadjeva, naborajte po potrebi.
g) Pecite u prethodno zagrijanoj pećnici 20-25 minuta, odnosno dok korica ne porumeni, a sir se otopi.
h) Neka se malo ohladi prije posluživanja.

97.Gljive i Gruyere Galette

SASTOJCI:
- 1 prethodno napravljena kora za pitu
- 2 šalice narezanih gljiva (kao što su cremini ili šampinjoni)
- 1 žlica maslaca
- 1 luk narezan na tanke ploške
- 2 češnja češnjaka, mljevena
- 1 šalica naribanog Gruyere sira
- 1 žlica svježeg lišća majčine dušice
- Posolite i popaprite po ukusu

UPUTE:
a) Zagrijte pećnicu na 375°F (190°C).
b) U tavi otopite maslac na srednjoj vatri. Dodati narezane gljive, narezani luk i nasjeckani češnjak. Kuhajte dok gljive ne omekšaju, a luk se karamelizira, oko 10-12 minuta. Posolite i popaprite.
c) Koru za pitu razvaljajte na pleh obložen papirom za pečenje.
d) Ravnomjerno rasporedite kuhanu mješavinu gljiva i luka po sredini kore za pitu, ostavljajući rub oko rubova.
e) Po smjesi s gljivama pospite naribani sir Gruyere.
f) Po siru pospite listiće svježeg timijana.
g) Presavijte rubove kore za pitu preko nadjeva, naborajte po potrebi.
h) Pecite u prethodno zagrijanoj pećnici 25-30 minuta, ili dok korica ne porumeni, a sir se otopi i postane mjehurić.
i) Neka se malo ohladi prije posluživanja.

98.Špinat i Feta Galette

SASTOJCI:
- 1 prethodno napravljena kora za pitu
- 4 šalice svježih listova špinata
- 1 žlica maslinovog ulja
- 2 češnja češnjaka, mljevena
- 1/2 šalice izmrvljenog feta sira
- 1/4 šalice ribanog parmezana
- Posolite i popaprite po ukusu

UPUTE:
a) Zagrijte pećnicu na 375°F (190°C).
b) U tavi zagrijte maslinovo ulje na srednje jakoj vatri. Dodajte mljeveni češnjak i kuhajte dok ne zamiriše, oko 1 minutu.
c) Dodajte svježe listove špinata u tavu i kuhajte dok ne uvenu, oko 2-3 minute. Posolite i popaprite.
d) Koru za pitu razvaljajte na pleh obložen papirom za pečenje.
e) Ravnomjerno rasporedite kuhani špinat po sredini kore za pitu, ostavljajući rub oko rubova.
f) Po špinatu pospite izmrvljeni feta sir i naribani parmezan.
g) Presavijte rubove kore za pitu preko nadjeva, naborajte po potrebi.
h) Pecite u prethodno zagrijanoj pećnici 25-30 minuta, ili dok korica ne porumeni, a sir se otopi i postane mjehurić.
i) Neka se malo ohladi prije posluživanja.

99.Galette od pečenog povrća

SASTOJCI:
- 1 prethodno napravljena kora za pitu
- 2 šalice miješanog pečenog povrća (kao što su paprike, tikvice, patlidžan i cherry rajčice)
- 2 žlice maslinovog ulja
- 1 žlica balzamičnog octa
- 2 češnja češnjaka, mljevena
- Posolite i popaprite po ukusu
- 1/4 šalice izmrvljenog kozjeg sira
- 2 žlice nasjeckanog svježeg bosiljka

UPUTE:
a) Zagrijte pećnicu na 375°F (190°C).
b) U zdjelu pomiješajte miješano pečeno povrće s maslinovim uljem, balzamičnim octom, mljevenim češnjakom, soli i paprom.
c) Koru za pitu razvaljajte na pleh obložen papirom za pečenje.
d) Pečeno povrće ravnomjerno rasporedite po sredini kore za pitu, ostavljajući rub oko rubova.
e) Pečeno povrće pospite izmrvljenim kozjim sirom.
f) Preko sira pospite nasjeckani svježi bosiljak.
g) Presavijte rubove kore za pitu preko nadjeva, naborajte po potrebi.
h) Pecite u prethodno zagrijanoj pećnici 25-30 minuta, odnosno dok korica ne porumeni.
i) Neka se malo ohladi prije posluživanja.

100.Galette od tikvica i rajčice

SASTOJCI:
- 5 oz višenamjenskog brašna
- 1 tikvica
- 1 srednji crveni luk
- ¾ oz parmezana
- 1 limun
- 2 rajčice šljive
- 1 oz krem sira
- 4 oz pesta od bosiljka
- 3 oz rikule
- šećer
- košer sol i mljeveni papar
- 6 žlica maslaca
- maslinovo ulje
- 1 veliko jaje

UPUTE:
a) U srednjoj zdjeli pomiješajte brašno, 1 žličicu šećera i ½ žličice soli. Narežite 6 žlica hladnog maslaca na komade od ½ inča; dodati u brašno i baciti na premaz. Prstima pritisnite maslac da ga poravnate i umiješajte u brašno dok ne bude veličine malog graška.

b) Pospite ¼ šalice hladne vode preko mješavine brašna i maslaca. Miješajte lopaticom dok se ne sjedini, a zatim mijesite rukama dok se tijesto ne oblikuje u dlakavu kuglu. Utapkajte u disk širine 4 inča (debljine oko ¾ inča). Zamotajte u plastičnu foliju i stavite u hladnjak dok se ne stegne, najmanje 2 sata (najbolje preko noći). Zagrijte brojlere s rešetkom u gornjoj trećini. Lim za pečenje pokapati uljem.

c) Narežite tikvice i luk (ostavite kolutove luka cijele) na kolutove debljine ¼ inča. Sitno naribajte parmezan i ½ žličice limunove korice. Iscijedite 2 žličice soka od limuna u srednju posudu. Tanko narežite rajčice; prebacite na tanjur obložen papirnatim ručnikom i začinite solju i paprom. Ostavite sa strane najmanje 15 minuta. Prije sastavljanja galeta osušite rajčice.

d) Stavite tikvice i luk u jednom sloju na pripremljeni lim za pečenje; pokapajte uljem i začinite solju i paprom.

e) Pecite na gornjoj rešetki dok ne porumene i ne omekšaju, 10-13 minuta (pažljivo promatrajte). U maloj zdjeli pomiješajte krem sir, koricu limuna i 2 žlice pesta. Začinite po ukusu solju i paprom. Zagrijte pećnicu na 400°F s rešetkom u sredini.
f) Razvaljajte tijesto u krug od 12 inča; stavite na lim obložen papirom za pečenje. U zdjeli umutite 1 veliko jaje i 1 žlicu vode; stavite sredstvo za pranje jaja sa strane. Ravnomjerno rasporedite pesto krem sir preko kore ostavljajući rub od 1 inča; na vrh stavite povrće u slojevima koji se preklapaju. Preklopite rub tijesta preko nadjeva, naborajte po potrebi. Premažite koru vodom od jaja i pospite malo parmezana.
g) Pecite galette na središnjoj rešetki dok korica ne poprimi zlatnu boju, 30-40 minuta. Pustite da odmori 10 minuta. U zdjelu s limunovim sokom umiješajte 2 žlice ulja i prstohvat soli i papra. Dodajte rikulu i promiješajte.
h) Prelijte preostali pesto preko galette ; narežite na kriške i poslužite uz salatu s preostalim parmezanom posutim po vrhu.
i) Uživati!

ZAKLJUČAK

Dok zatvaramo stranice "GALETE IZ SLAVNE KUHARICE", nadamo se da ste bili inspirirani da istražite beskrajne mogućnosti ovog omiljenog rustikalnog peciva. Od slatkih do slanih, jednostavnih do sofisticiranih, galettes nude svijet kulinarske kreativnosti koji čeka da bude otkriven. Dok nastavljate svoje kulinarsko putovanje, zapamtite da je kuhanje izraz ljubavi, kreativnosti i radosti. Bilo da pečete za sebe, svoje najmilije ili posebnu prigodu, neka svaka galeta koju napravite unese toplinu u vašu kuhinju i sreću na vaš stol.

Dok budete uživali u posljednjim mrvicama svoje najnovije galette kreacije, znajte da će uspomene nastale u kuhinji ostati dugo nakon što se tanjuri očiste. Podijelite svoju ljubav prema pečenju, okupite se za stolom s onima koje volite i stvorite trenutke koji će hraniti i tijelo i dušu. A kada budete spremni krenuti u svoju sljedeću avanturu pečenja, znajte da će "GALETE IZ SLAVNE KUHARICE" biti ovdje, spremna da vas vodi svojim ukusnim receptima i bezvremenskim šarmom.

Hvala vam što ste nam se pridružili na ovom putovanju kroz svijet galeta. Neka vaša kuhinja bude ispunjena smijehom, pećnica toplinom, a stol užicima domaćih dobrota. Do ponovnog susreta, sretno pečenje i bon appétit!

www.ingramcontent.com/pod-product-compliance
Lightning Source LLC
Chambersburg PA
CBHW070654120526
44590CB00013BA/962